KB196939

국제금융기구에서 일하기

초판 발행 2024년 11월 12일

펴낸이 기획재정부 국제금융기구 담당자 공동 집필 **펴낸곳** 기획재정부 **편집·제작** (주)늘품플러스

ISBN 979-11-88024-93-3 03300 정가 15,000원

국제금융기구 채용가이드북

국제금융기구에서 일하기

성공을 위한 취업전략

기획재정부

격려사

한국의 소설가 한강이 노벨 문학상을 수상하면서, 한국 문학은 전 세계적으로 주목받았습니다. 이 소설의 진가가 전 세계에 알려질 수 있었던 데에는 원작의 섬세한 감정과 독특한 문체를 온전히 전달해 낸 영국인 번역가 데보라 스미스의 공이 컸다고 합니다.

한국은 어려운 경제 상황을 극복하고, 짧은 시간 내에 눈부신 경제적 도약을 이루어 낸 모범적인 국가로, 개발도상국들이 벤치마킹할 수 있는 교과서입니다. 세계은행은 한국을 성장 슈퍼스타이며, 개도국 정책입안자의 필독서라고 소개하기도 했습니다. 한강의 문학작품이 데보라 스미스의 번역을 통해 전 세계에 전달된 것처럼, 국제금융기구에 취업한 한국인들이 한국의 지식과 개발 경험을 전 세계에 전달하고 확산시킬 수 있는 가교 역할을 해주실 것이라 믿습니다. 여러분들의 노력과 헌신이 세계 각국의 발전에 긍정적 영향을 미치고, 한국의 성공적인 발전 모델을 널리 알리는 중요한 역할을 할 것입니다.

이 자리를 빌어 책을 발간하기 위해 애써주신 모든 분들께 감사의 마음을 전합니다. 특히 국제금융기구에 취업하여 일하고 계신 분들이 소중한 경험을 나눠주셨습니다. 기고자 분들의 생생한 경험담과 전문적인 조언 덕분에 이 책이 한층 풍부하고 의미 있는 내용으로 채워질 수 있었습니다.

이 책을 통해 더 많은 한국인들이 국제금융기구에 진출하여, 글로벌 무대에서 한국의 위상을 더더욱 높여주길 기대합니다. 정부는 앞으로도 한국의 인재들이 국제금융기구에서 역량을 발휘할 수 있도록 지속적인 지원을 아끼지 않을 것입니다. 이 가이드북이 여러분의 준비 과정에서 든든한 길잡이가 되고, 국제무대에서 활약할 수 있는 첫걸음을 내딛는 데 큰 도움이 되길 바랍니다.

감사합니다.

2024년 11월

부총리 겸 기획재정부 장관 최 상 목

발간사

국제금융기구는 글로벌 경제 발전 및 역내 국가들의 경제 개발을 지원하는 것을 목표로 전 세계의 경제 문제를 해결하고, 개발도상국을 대상으로 경제 개발 자금을 지원하는 중요한 역할을 담당하고 있습니다. 특히 한국은 과거 세계은행(WB), 아시아개발은행(ADB)의 원조를 받아 경제 발전에 성공한 바 있으며, '97년 외환위기 당시 국제통화기금(IMF)으로부터 긴급 구제금융을 받기도 했던 등 국제금융기구는 한국의 경제 성장과 위기 극복 과정에서 상당히 중요한 역할을 담당했습니다.

이처럼 국제금융기구는 뉴스 등을 통해 많이 접해보았기에 많은 이들에게 친숙하면서도, 여전히 낯설고 접근하기 어려운 세계이기도 합니다. 그래서인지 우리 젊은이들이나 한국인들의 국제금융기구 진출이 많이 늘어나기는 했으나, 아직 우리나라의 경제적 규모나 국제적 위상에 비해서는 미약한 편입니다.

국제금융기구에 진출하기 위해서 요구되는 높은 수준의 외국어 능력, 전문지식, 그리고 관련 분야에서의 경험 등이 진입 장벽으로 작용하기도 할 것입니다. 하지만 충분히 역량 있는 인재의 경우에도 국내에서 접할 수 있는 채용 정보가 비교적 적을 뿐더러, 정답이 없는 인터뷰 질문도 많다 보니 준비 과정이 한없이 막막하게 느껴지기도 할 것입니다.

이에 국제금융기구에서의 일하는 것을 꿈꾸는 이들을 위한 취업 가이드북을 발간하게 되었습니다. 기구의 사명과 운영 방식을 이해하는 일은 물론 채용 절차와 보수, 복지 제도까지 아는 것은 매우 중요한 첫 걸음이 될 것입니다. 또한, 한국인 직원들의 체험수기, 국제금융기구의 인사 담당자들과의 인터뷰를 통해 현장의 생생한 경험과 조언을 직접 전달하고자 하였습니다.

국제금융기구로의 취업은 전 세계의 경제 발전에 기여할 수 있다는 개인적인 보람을 느끼실 수 있는 기회이기도 하지만, 국가적으로도 한국의 위상을 글로벌 무대에서 드높이는 막중한 의미를 지니기도 합니다. 이러한 이유로 정부는 국제금융기구의 진출을 적극 지원하고 있습니다. 이 책을 통해 독자들이 보다 확신을 가지고 국제금융기구에서의 경력을 설계할 수 있기를 바랍니다.

13년 전인 2011년 처음으로 이 책의 전신인 "더 넓은 세상을 디자인하는 즐거움 : 국제금융기구"를 출간한 이후 우리나라와 국제금융기구와의 관계에도 많은 변화가 있었습니다. 이러한 변화를 반영해 새롭게 설립되거나, 우리가 회원국으로 새로이 가입한 아세안+3 거시경제조사기구(AMRO), 아시아인프라투자은행(AIIB), 중미경제통합은행(CABEI), 녹색기후기금(GCF)에 대한 소개를 추가하였습니다.

이 가이드북이 출간되기까지 기획재정부 내 각 국제금융기구 담당자 및 이사실 직원들의 도움과 노력이 있었습니다. 각 국제금융기구의 인사담당자들께서도 귀중한 시간을 내어 인터뷰를 통해 실질적인 정보를 제공해 주셨으며, 이 책이 보다 유익한 정보로 가득 찰 수 있도록 많은 자문과 협조를 아끼지 않으신 모든 분들께 진심으로 감사의 말씀을 드립니다.

2024년 11월

기획재정부 국제경제관리관 최 지 영

CONTENTS

Part.1

국제금융기구의 탄생과 역사

01

브레튼우즈 회의와 국제금융기구의 탄생

1944년 브레튼우즈 회의 장면

1944년 7월 1일, 미국 뉴햄프셔 주 브레튼우즈의 워싱턴 호텔. 르네상스풍의 이 아름다운 호텔은 1902년 개관 이후 가장 중요한 고객들을 맞이했다. 그 주인공은 바로 루스벨트 대통령의 초청을 받은 제2차 세계대전 연합국 45개국의 700여 명의 대표들이었다. 제2차 세계대전이 막바지에 이른 시점에 대규모의 연합국 대표들이 모인 것은 종전 후 세계 질서와 관련한 중요 과제를 해결하기 위해서였다. 그 과제란 지난 수십 년 동안 그들이 공통적으로 맞닥뜨렸던 세계경제의 고통스런 경험으로부터 비롯된 것이었다. 과거 19세기 세계 경제는 주요 국가의 물가, 금리 등이 생산 요소의 수요나 공급을 비교적 정확히 반영할 수 있을 정도로 안정적이었다. 또한 세계 경제 및 금융의 중심지인 영국의 국제수지와 금 보유는 대체로 균형을 이루었다. 특히 미국과 남아프리카에서 대규모 금광이 발견되면서 화폐용 금의 공급이 충분해졌고, 이로 인해 금이 상품 화폐로 적합한 역할을 했다. 이런 상황에서 영국을 비롯한 독일, 프랑스 등 주요 국가들은 교환성이 보장된 국제통화로 금본위제를 채택했다. 이른바 '황금시대(The Golden Era)'로 불리는 이 시기에는 국제적 협력에 대한 특별한 노력 없이도 금본위제를 통해 세계 경제가 안정된 성장을 지속했다.

세계 경제의 분열과 금본위제의 붕괴

하지만 20세기에 접어들면서 금 공급이 세계 경제 및 무역 확대 속도를 따라가지 못했고 미국의 일방적인 국제수지 흑자가 지속되면서 금 보유가 한쪽으로 쏠리는 현상이 가속화되어 국제 금본위제의 기반이 흔들리기 시작했다. 특히 제1차 세계대전이 발발하자 참전국들이 경제를 전시체제로 전환하여 발 빠르게 금본위제에서 이탈하고, 전쟁 자금을 조달하기 위해 각국이 대량으로 화폐를 발행하면서 국제통화 질서는 더욱 혼란에 빠졌다. 결국 금본위제가 전면적으로 붕괴되었다.

금본위제가 붕괴되고 영국이 세계 경제 주도권을 상실하자 각국은 국제통화 질서보다는 개별 국가의 이익을 우선시하며 독자적으로 통화

가치와 통화 정책을 결정했다. 이 시기 주요 국가들은 국제통화 질서를 공동의 협력으로 안정화하는 노력 대신 이른바 '근린 궁핍화 정책'을 실시했다. 자국 통화를 경쟁적으로 평가절하하고, 수입 관세율의 인상 등을 통해 수출을 촉진하고 수입을 억제해 국제수지의 개선 및 수출산업의 고용 증대를 도모하였던 것이다. 그 결과 국제무역이 급격하게 위축되고 세계 경제의 공황은 더욱 심해졌다. 특히 대공황을 거치는 과정에서 진행된 군수산업이 급격히 팽창하고 세계 경제의 배타적 블록화 시도가 강해지면서 전쟁 위험이 높아졌다. 독일 뿐 아니라 미국·영국·프랑스 등 주요 국가가 군수산업에 의존해 경제를 살리려 했고, 특히 영국의 파운드화에 의한 배타적 지배권과 블록화 시도는 다른 나라를 자극해 또 다른 세계대전의 긴장이 고조됐다. 결국 이런 시행착오와 국제 협력의 실패가 전체주의 등장과 제2차 세계대전이라는 재난으로 이어지게 되었다.

제1차 세계대전 후 독일에 대한 과도한 전쟁 배상금 요구와 각국의 보호무역주의, 고립주의 등이 1930년대 대공황과 파시즘의 등장을 초래하여 결국 제2차 세계대전을 낳았다는 지난 시대의 뼈아픈 역사적 교훈을 브레튼우즈에 모인 각국 대표 모두가 되새긴 것은 당연한 것이었다. 그들은 향후 같은 일을 되풀이하지 않고 세계 평화와 번영을 보장하기 위해 무엇보다도 안정적인 국제 경제 질서 확립이 필요하다고 공감하고 있었다. 따라서 국제 경제 질서 안정을 위한 긴밀한 공조와 이를 실현할 국제 기구 및 원칙을 확립하는 것이 이 회의의 과제였다.

케인즈의 눈물

'브레튼우즈 회의'는 의장으로 미국 재무부의 모겐소 장관을 선출하고 3개의 위원회를 구성했다. 특히 제1 위원회는 국제통화기금

(IMF: International Monetary Fund) 설립을 위한 합의문을 검토했으며, 제2 위원회는 국제부흥개발은행(IBRD: International Bank for Reconstruction and Development) 설립을 위한 합의 도출을 진행했다.

폐막식에서 영국 대표 존 메이너드 케인즈(John Maynard Keynes)는 "인류의 형제애가 단순히 말이 아닌 진정으로 실현되기를 희망한다"는 연설을 했다. 케인즈가 회의장에서 퇴장할 때 폐막식에 참석한 대표단은 모두 자리에서 일어나 '유쾌한 좋은 친구를 위하여'라는 노래를 부르며 박수를 쳤다. 2년 후 케인즈는 세상을 떠났다.

45개 회원국 대표들 모두 전후 복구될 국제 경제 질서의 안정이라는 목표에는 동의했지만, 구체적인 합의 과정은 결코 순탄치 않았다. 특히 케인즈가 제안한 독립적인 국제중앙은행 창설과 국제통화 창설안(이른바 '케인즈 안')과 달러화를 기축통화(基軸通貨, key currency)로 삼고 미국 재무성이 달러의 발행을 통제하는 권리를 갖게 만드는 안(이른바 '화이트 안')이 처음부터 치열하게 대립했다. 치열한 협상을 거쳐 마련된 국제통화기금설립협정(Agreement of International Monetary Fund)안은 결국 화이트 안을 기본으로 하되 케인즈 안의 일부 내용을 반영한 형태로 타결되었다. 이른바 '케인즈 경제학'의 창시자인 위대한 경제학자 케인즈의 제안이 사실상 패배함으로써, 브레튼우즈 회의 이후 형성될 세계 경제 체제는 미국 중심의 경제 질서로 이어졌다.

브레튼우즈 체제의 출범

회의가 시작된 지 3주가 흐른 7월 22일, 마침내 45개국 대표들은 '브레튼우즈 협정'에 서명했다. 브레튼우즈 협정은 각국이 자국 통화의 가치를 금 또는 미 달러화로 표시하도록 하고, 미 달러화의 금 태환을 보장함으로써 미 달러화를 '국제 거래 통화'로 하는 '금환본위제'를 채택했다. 또한 현물 환율은 해당 평가의 상하 1% 범위 내에서 유지하되 국제수지가 기조적 불균형에 처할 경우 IMF와 협의를 거쳐 평가의 10% 범위 내에서 환율을 변경할 수 있도록 하는 '조정 가능 고정 환율 제도'를 채택했다. 그리고 국제통화 및 금융 제도의 안정을 도모한 IMF와 전후 복구 및 경제 개발을 담당할 IBRD 협정문을 채택함으로써 이를 축으로 한 이른바 '브레튼우즈 체제'를 출범시켰다.

브레튼우즈 협정에 따라 IMF와 IBRD가 설립되면서 상시적인 국제금융기구가 처음으로 등장했다. 이는 세계 경제 질서의 안정을 위한 국제 공조 노력의 산물이며, 국제금융기구의 존재적 의의라 할 수 있다.

02

IMF, 브레튼우즈를 넘어 세계 경제 안전망으로

IMF는 국제 금융 문제를 다자적 차원에서 다루는 기구로서 설립 이후, 단기적 국제수지 위기를 겪는 국가에 금융 지원을 제공하며 안정적 환율과 통화의 태환성 유지에 기여해왔다. 물론 그 과정이 수월한 것은 아니었다. 1945년 12월, 쿼타의 80%가 넘는 29개국이 협정을 비준함으로써 공식적인 IMF는 공식적으로 발족했고 1947년 1월에 업무를 개시했으나 이때까지만 해도 IMF가 본연의 기능을 제대로 수행하기에는 역부족이었다. 무엇보다 전쟁으로 피폐해진 세계경제의 복구 문제가 쉽게 해결되지 않았다. 사회 기간시설은 거의 파괴되었고 농지는 황폐해져 있었다. 극심한 물자 부족과 재정 압박, 치솟는 인플레이션으로 인해 국제 교역과 금융 거래도 크게 위축됐다.

이런 상황에서 당시 세계 금의 70%를 보유하며 최대의 채권국으로 떠오른 미국이 세계 경제 복구의 희망이 됐다. 미국은 1947년 6월, 이른바 '마셜 플랜'을 통해 유럽 16개국에 136억 달러를 지원하고, 냉전이 격화됨에 따라 국방비 지출을 지속적으로 늘렸다. 미국의 해외 투자 또한 활발해져 미 달러화가 꾸준히 전 세계로 퍼져갔다. 이렇게 공급된 달러는 국제 유동성의 원천이 되어, 성장 궤도에 오른 세계 경제의 연료 역할을 했다.

이 과정에서 IMF 가맹국들의 경제는 서서히 회복되기 시작했고, IMF 역시 본연의 기능을 수행할 역량을 갖추게 되었다. 특히 1956년 수에즈 운하 위기 때에는 IMF가 극도의 자금난을 겪는 프랑스에 2.6억 달러, 영국에 12억 달러의 구제 금융을 지원했다. 1958년에는 유럽 11개국이 자국 통화의 자유로운 교환을 허용하면서, 미 달러화를 기축통화로 한 금환본위제 아래에서 IMF는 고정 환율제의 관리·감독 기관으로서 본연의 기능을 수행할 수 있게 되었다.

브레튼우즈 체제의 붕괴

전후 세계 경제가 회복되면서 역설적으로 IMF의 기능은 한계에 다다랐다. 가장 큰 이유는 1950년대에 전후 복구를 주도했던 미국의 국제수지 적자였다. 당시 미국은 상당한 무역수지 흑자와 민간 자본을 바탕으로 풍부한 금을 보유하고 있어 약간의 국제수지 적자는 큰 문제가 되지 않았다. 그러나 적자가 지속되자, 이것이 얼마나 지속 가능할 것인가, 만약 미국의 국제수지가 흑자로 전환된다면 누가 국제 유동성을 공급할 것인가 하는 문제가 대두되기 시작했다.[1]

IMF를 비롯한 국제 사회는 달러 과잉 공급 문제를 해결하기 위해 다각도로 노력했다. 서유럽 각국과 미국은 금 가격 유지를 위해 상호 협력

1 1960년, 미국 의회에서 당시 예일대 교수였던 트리핀은 "미국이 국제수지 적자를 허용하지 않아 국제 유동성 공급이 중단되면 세계 경제가 크게 위축될 것이다. 그러나 지금과 같은 적자 상태가 지속되어 미 달러화가 과잉 공급되면, 달러 가치가 하락해 준비자산으로서의 신뢰도가 저하되고 고정 환율제도 역시 붕괴될 것"이라고 말하며, 소위 '트리핀의 딜레마'를 제기했다. 그는 이 문제를 해소하기 위해 새로운 국제 유동성 창출을 제안했다.

했으며, IMF는 1963년부터 새로운 국제 유동성 창출 방안을 강구하기 시작하여 1967년에는 특별인출권(SDR: Special Drawing Rights)[2] 제도를 도입하기로 결정했다.

그러나 1966년 이후 지속적인 민간 부문의 금 수요 증가와 미국의 국제수지 적자 확대에 따른 달러 가치 하락으로 인해 금 태환 요청이 쇄도하면서, 결국 1971년 8월 15일 닉슨 대통령은 전면적인 금 태환 정지를 선언했다. 금 태환과 달러를 기준으로 한 금환본위제가 핵심이었던 브레튼우즈 체제가 붕괴되는 순간이었다. 이로 인해 IMF 역시 고정 환율제 관리·감독 기구로서의 본래 역할을 상실할 수밖에 없었다.

IMF의 새로운 역할 모색과 발전

비록 브레튼우즈 체제의 붕괴로 원래의 역할은 약화되었지만, IMF는 변화하는 세계 경제 환경에 맞추어 기능과 역할을 재정립했다. 그리고 다양한 노력을 통해 국제통화 및 금융 제도에서의 영향력을 강화해 나갔다. 1970년대 이래 유가 급등, 경기 침체, 인플레이션 등 국제 경제 과제가 대두하자, IMF는 국제적 정책 조정자로서 새로운 역할을 수행했다. 1973년 오일 쇼크에 대응해 석유 수입국의 재정 적자를 보전하기 위한 지원을 실시했으며, 1970년대부터는 신탁기금을 통해 본격적으로 최빈국에 대한 재정 지원을 시작했다. 1986년에는 구조조정금융(SAF: Structural Adjustment Facility)이라는 저개발국 차관 프로그램을 도입

---

2 특별인출권(SDR: Special Drawing Rights)은 IMF 가맹국이 국제수지가 악화될 때 담보 없이 필요한 만큼의 외화를 인출할 수 있는 권리 또는 국제통화를 의미한다. 특별인출권을 보유한 국가는 국제수지가 악화될 경우, IMF의 지시에 따라 보유하고 있는 특별인출권을 다른 참가국에 넘겨 필요한 자금을 확보할 수 있다. 특별인출권 배분을 받은 참가국은 배분액 규모에 비례하여 IMF의 통화 제공 지시에 따를 의무가 있으며, 인수받은 특별인출권은 자국의 준비자산으로 보유하게 된다.

했다. 주요 선진국은 정치적 중립을 유지하는 IMF가 주요국의 경제 정책을 평가하고 권고하는 역할을 하는 것이 유용하다고 여겼으며, IMF의 역할 변화에 지지 의사를 표명했다.

IMF는 세계 경제 전망 등을 통해 정책 조정에 필요한 기초 자료를 제공하기 시작했다. 그리고 정례 협의 등의 감시 활동을 통해 가맹국에 대한 정책 권고자로서 역할을 확대했다. 특히 IMF 융자와 연계된 정책 권고는 수혜국이 무시하기 어려운 강력한 효과가 있었고, IMF의 감시 활동은 1980년대 중반부터 대상 가맹국의 경제 및 정책에 대한 신뢰성을 확인해주는 역할로 발전했다.

1982년 개발도상국 외채 위기 시 IMF는 채권 은행을 대신해 위기국과 경제 조정 협상을 진행했으며, IMF 프로그램과 채권 은행의 추가 자금 지원을 연계해 민간 부문의 참여를 촉진하고 IMF의 금융 지원 능력을 강화했다. 1990년대에는 체제 전환국의 요청과 주요 선진국의 지원을 받아 시장경제에 경험이 부족한 국가들에게 민영화, 금융 제도, 조세 제도 등 광범위한 경제 문제에 대한 정책 권고와 금융 지원을 병행하며 영향력을 확대했다. 1994~1995년 멕시코 위기 때는 IMF가 신속하게 개입해 대규모 자금을 지원하여 위기의 세계적 확산을 차단하고 극복을 도왔다. 아시아 금융 위기 이후 국제 금융 체제 개편 논의가 활발해지자, IMF는 이를 주도적으로 이끌며 위기 예방 기능을 대폭 강화하는 방향으로 업무를 재편했다.

1990년대 들어 경제적 효율성은 시민 사회의 기능, 법질서, 사유재산 존중 등에 의해 크게 좌우된다는 인식이 확산되면서, IMF는 지배 구조, 부패, 군비 지출 등의 문제에도 관심을 기울이기 시작했다. 이처럼 IMF는 브레튼우즈 체제 붕괴 이후에도 국제금융기구로서 세계 경제의 위기 예방과 해결, 저소득 국가 지원에 중심적 역할을 수행하며, 세계 경제의 안정성을 지속시키는 조직의 기본 목표에 충실히 기여하고 있다.

21세기의 IMF

21세기에 들어 IMF는 대공황 이후 두 차례의 심각한 경제 위기에 대응하며, 국가들에 대출을 제공하는 최전선에 섰다. 2007년 미국에서 발생한 '서브프라임 모기지 사태[3]'는 선진 금융 시장의 취약성을 드러냈으며, 이는 2008년 대공황 이후 최악의 세계적 경제 위기로 이어져 그리스 등 일부 국가의 심각한 채무 위기로 확대되었다.

2010년 5월, IMF는 총 1,100억 유로에 달하는 첫 번째 그리스 구제금융 지원에 참여하여, 지속적인 대규모 공공 부문 적자로 인해 누적된 공공 부채 문제 해결에 기여했다. 동시에 그리스 정부는 IMF의 긴축 조치에 따라 재정 적자를 2009년 11%에서 2014년 '3% 미만'으로 줄이기로 동의했다. 그러나 이러한 결정에서 그리스 당국은 헤어컷과 같은 부채 구조 조정 조치를 제외하면서, 스위스, 브라질, 인도 등 일부 IMF 회원국의 반발을 불러일으켜 내홍을 겪기도 했다.

이후 국제 사회는 IMF의 충분한 재정 자원이 그 어느 때보다 중요하며, 경제 위기가 끝나기 전에 재정이 고갈될 가능성이 있음을 인식했다. 이를 계기로 IMF는 채권국들로부터 광범위한 지원을 받아 대출 여력을 3배로 늘려 약 7,500억 달러에 이르렀다. 이를 효과적으로 활용하기 위해 IMF는 경제적 원칙과 성공적인 정책 성과를 가진 국가들에게 유연한 신용 한도를 제공하는 대출 정책 개편을 진행했다. 저소득 국가를 돕

3 서브프라임 모기지 사태(Subprime Mortgage Crisis)는 2007년 미국에서 부동산 거품이 꺼진 후 발생한 부동산 가격 급락으로 인해 모기지론 부실, 대규모 차압, 주택저당증권(MBS) 가치 하락으로 이어져 국제 금융시장에 신용 경색을 불러일으킨 사건이다. 이후 리먼 브라더스를 비롯한 주요 투자은행들의 붕괴로 이어져, 세계 금융 위기를 촉발하게 되었다.

기 위한 개혁 덕분에 IMF는 과거처럼 쿼타에 엄격하게 제한받지 않고 차용국의 필요에 따라 대규모 자금을 신속히 지원할 수 있게 되었다.

IMF는 2020년 시작된 코로나19 팬데믹으로 인한 개발 금융 지원 및 세계 경제 위기 예방과 부양에도 크게 기여했다. 2020년 3월, IMF 총재 크리스탈리나 조르지에바는 코로나19 팬데믹 대응책으로 IMF가 1조 달러를 동원하기로 결정했다고 발표했다. 2020년 4월에는 '재난 억제 및 구제 신탁(CCRT)' 프로그램에 따라 25개 회원국에 즉각적인 부채 구제를 제공할 것이라고 밝혔다. 이후 '80개 이상의 빈곤 및 중소득 국가'가 코로나19로 인해 구제 금융을 요청한 사실이 확인되었다.

03

세계은행그룹으로 발전하는 IBRD

제2차 세계대전 종전을 앞두고 연합국은 전후 복구와 경제 부흥, 대규모 장기 자금 공급을 효과적으로 수행하기 위해 IBRD를 설립했다. 초기에는 그 취지에 맞게 주로 전후 복구 자금을 지원했으나, 이후 미국이 서유럽 재건을 위한 마셜 플랜을 실시하면서 IBRD는 개발도상국에 대한 장기 개발 자금 융자에 주력하게 되었다.

1950년대 IBRD의 주요 사업은 개발도상국에 대한 금융 및 기술 지원이었다. 시장경제를 기반으로 한 경제 성장 전략을 수혜 국가에 전수하는 것이 중요한 역할 중 하나였다. 이러한 활동 과정에서 장기적 성장 기반을 구축하기 위해 민간 부문의 역할 강화가 절실히 요구되었다. 하지만 IBRD의 융자는 주로 개발도상국 정부를 대상으로 했고, 민간 기업에 대한 융자는 반드시 정부의 보증이 있어야 했다. 이로 인해 민간 기업에 대한 지원은 제한적일 수밖에 없었다. 이를 극복하기 위해 1955년 4월 IBRD 총회에서 정부의 보증 없이 민간 기업을 지원할 수 있는 새로운 국제금융기구인 국제금융공사(IFC: International Finance Corporation)의 설립 협정문이 채택되었고, 1956년 7월 IFC가 정식 출범했다.

1958년 제13차 IMF/WB 연차 총회에서는 저소득 국가 지원을 위한 국제금융기구인 국제개발협회(IDA: International Development Association) 설립이 제안되었다. 제2차 세계대전 이후 독립한 신생 국가는 대외 신용도가 낮고 원리금 상환 능력이 부족하여 경제 개발에 필요한 자금 조달에 어려움을 겪고 있었다. IBRD와 IFC는 상업적 기반에서 운영되었기 때문에 대출 대상이 대외 신용도가 비교적 높은 국가에 한정되었으므로, 저소득 국가 지원에는 한계가 있었다. 이러한 상황에서 저소득 국가 지원을 위해 IDA가 발족하여 1960년 11월부터 업무를 개시했다.

한편, 국제 투자 분쟁을 조정·중재하여 국제 민간 투자를 촉진하는 것을 주된 목적으로 하는 국제투자분쟁해결본부(ICSID: International Centre for Settlement of Investment Disputes)가 1966년에, 개발도상국에 대한 외국인 직접 투자 관련 비상업적 위험에 대한 손실 보상을 제공하여 IBRD, IFC, 기타 지역개발금융기구의 활동을 보완하는 국제투자보증기구(MIGA: Multilateral Investment Guarantee Agency)가 1988년에 설립되면서 현재와 같은 세계은행그룹(WBG: World Bank Group)이 구성되었다.

세계은행그룹

다양한 지역개발국제금융기구의 탄생

1947년 인도와 파키스탄의 독립을 시작으로 아시아, 아프리카, 라틴아메리카의 여러 나라가 잇달아 독립했으며, '독립의 시대'라고 일컬어지는 1960년대에는 아프리카 국가의 3분의 2 이상이 독립을 쟁취했다. 이들 국가는 상호 이해를 바탕으로 적극적인 공조를 위해 노력했다. 이 과정에서 세계은행그룹의 IFC나 IDA처럼 전 세계를 대상으로 경제 개발을 지원하는 국제금융기구 외에도, 지역 내 국가의 경제 개발을 지원하는 지역개발금융기구가 대거 등장했다. 이후 1980년대 말부터 시작된 구 공산국가들의 시장경제 체제로의 전환이라는 역사적 사건 역시 새로운 지역금융기구 출현의 계기가 되었다.

미주개발은행

1959년 중남미와 카리브해 지역 국가의 경제·사회 개발과 지역 통합을 지원하기 위해 미주개발은행(IDB: Inter-American Development Bank)이 설립되었다. 이후 IDB를 모체로 하여 자매 기구인 미주투자

미국 워싱턴 D.C.의 IDB 본부

공사(IIC: Inter-American Investment Corporation)와 다자투자기금(MIF: Multilateral Investment Fund) 등이 설립되면서 미주개발은행 그룹으로 발전했다. IIC는 역내 민간 중소기업 지원을 목적으로 1984년에 설립되어 1989년부터 업무를 개시했으며, MIF는 영세 기업에 대한 양허성 자금 지원을 위한 독립 기금으로 1993년에 설립되었다. 이처럼 IDB는 다른 지역개발금융기구 설립에 많은 영향을 끼쳤으며, 현존하는 지역개발금융기구 중 자본금 규모가 가장 크다.

아프리카개발은행

1964년, 아프리카 국가들은 아프리카개발은행(AfDB: African Development Bank)을 설립했다. 이들 국가는 구 종주국과의 경제적 종속 관계를 청산하고 경제 개발을 촉진하기 위해 지역개발금융기구 설립이 필요하다는 데 인식을 같이 하여, 1964년 11월에 AfDB 창립 총회를

코트디부아르 아비장의 AfDB 본부

개최했다. 1966년 7월 본격적인 업무를 개시한 AfDB는 1972년에 아프리카개발기금(AfDF: African Development Fund)을 추가로 설립하면서 아프리카개발은행그룹으로 발전했다.

아시아개발은행

아시아·태평양 지역에서도 1966년 아시아개발은행(ADB: Asian Development Bank)이 설립되었다. 아시아·태평양 지역의 경제 성장과 경제 협력을 촉진하고, 지역 내 개발도상국의 경제 발전을 지원하기 위해 설립된 ADB는 1963년 3월 제19차 유엔 아시아 극동 경제위원회 총회에서 처음 설립 필요성이 제기되었고, 1965년 8월 ADB 설립 협정문이 확정되었으며, 같은 해 12월 제2차 아시아 경제협력에 관한 각료회의에서 정식 채택되었다. 마침내 1966년 11월 일본 도쿄에서 32개국 대표가 참가한 가운데 창립 총회를 개최하고, 12월 필리핀 마닐라에서 업무를 개시했다.

필리핀 마닐라의 ADB 본부

유럽부흥개발은행

유럽에서는 중요한 역사적 사건을 배경으로 지역 개발 국제금융기구가 탄생했다. 1985년 고르바초프의 등장과 함께 시작된 구소련의 개혁·개방 정책과 1989년 11월 베를린 장벽 붕괴 이후 동유럽 사회주의 국가들은 대대적인 정치 개혁과 시장경제 체제로의 전환을 추진했다. 소련 역시 1990년대에 발트 3국을 포함한 15개의 독립국으로 분리되면서 해체되었다. 이러한 구 공산국가들의 정치 개혁과 시장경제 체제 전환을 지원할 필요성을 공감한 유럽공동체 12개국 정상들은 1989년 11월 프랑스 파리 정상회담에서 유럽부흥개발은행(EBRD: European Bank for Reconstruction and Development) 설립을 논의했고, 같은 해 12월 정상회담에서 EBRD 설립에 최종 합의했다. 이후 1991년 4월 영국 런던에서 창립 총회를 개최하며 공식적으로 업무를 개시했다.

영국 런던의 EBRD 본부

중미경제통합은행

중미경제통합은행(CABEI: Central American Bank for Economic Integration)은 1960년 중미 5개국(과테말라, 엘살바도르, 온두라스, 니카라과, 코스타리카)이 경제 통합과 발전을 촉진하기 위해 설립한 다자개발 은행이다. 설립 초기에는 교통, 에너지, 통신 등 중미 지역의 인프라 개발에 중점을 두었으며, 시간이 지나면서 빈곤 감소, 교육, 보건, 환경 보호 등 사회적 발전을 위한 다양한 프로젝트로 지원 범위를 확대했다. 현재 CABEI는 파나마, 도미니카공화국, 멕시코 등 여러 국가가 참여하고 있으며, 중미를 넘어 글로벌 개발 금융 기관으로 성장하고 있다. 지속 가능한 경제 성장을 목표로 국제 기구 및 민간 부문과 협력해 기후 변화 대응 및 재생 가능 에너지 프로젝트를 활발히 지원하고 있다.

온두라스 테구시갈파의 CABEI 본부

아시아인프라투자은행

아시아인프라투자은행(AIIB: Asian Infrastructure Investment Bank)은 아시아 지역의 인프라 개발을 촉진하고 지속 가능한 경제 성장을 지원하기 위해, 중국이 주도하여 2015년에 설립된 다자 개발은행이다.

중국 베이징의 AIIB 본부

AIIB 설립은 2014년 10월 중국 베이징에서 21개 창립 회원국이 양해각서를 체결하면서 본격적으로 추진되었다. 이후 전 세계 57개국이 창립 회원국으로 가입했고, 2015년 AIIB 창립 협정이 발효되었으며 2016년 1월 공식 출범했다. 2023년 말 기준, AIIB는 세계은행그룹 다음으로 많은 109개의 회원국을 보유하고 있으며, 그 활동 범위도 확대되어 교통, 에너지 등 전통의 인프라 사업부터 기후 위기 대응, 보건 산업 등 다양한 분야를 지원하고 있다.

05

선진국 클럽 OECD의 성립과 발전

1946년 6월, 미국의 마셜 국무장관은 경제적으로 파멸 상태에 놓인 유럽의 재건을 위해 미국이 원조를 실시하겠다는 성명을 발표했다. 이른바 마셜 플랜에 따라 시작된 대규모 원조를 받게 된 유럽 각국은 1948년 4월, 마셜 플랜을 수용하는 협력 기구로 유럽경제협력기구(OEEC: Organization for European Economic Cooperation)를 출범시켰다. 이후 약 12년 동안 OEEC는 유럽 경제의 부흥과 발전에 큰 공헌을 했다.

그러나 1950년대 후반 서유럽 경제가 회복되면서 서구 각국은 피원조국이 아닌 대등한 동반자로서 시장경제권의 발전에 기여하고 개발도상국에 원조를 해야 할 필요성을 느끼기 시작했다. 이러한 시대적 요구에 따라 유럽과 북미 선진국 간의 더 긴밀한 경제 협력을 위해, 복합적이고 개방적인 형태의 OEEC 개편이 필요해졌다. 1960년 12월, OEEC의 17개 회원국을 포함한 20개국 각료와 유럽경제공동체(EEC), 유럽석탄철강공동체(ECSC), 유럽 원자력 공동체(EURATOM) 대표가 모여 경제협력개발기구(OECD: Organization for Economic Cooperation and Development) 조약에 서명함으로써 OECD가 탄생했다.

OECD는 무역 자유화 확대와 개발도상국 원조 증대를 선도하는 기구로서 특정 지역의 경제 발전이 아닌 세계 전체의 경제 발전을 목표로 한다. 1964년 아시아 국가 최초로 일본이 가입했고, 이후 핀란드(1969년), 호주(1971년), 뉴질랜드(1973년), 멕시코(1994년) 등이 가입하면서 OECD는 유럽 중심적 성격에서 벗어나 그 범위를 확대했다. 1994년 이후 아시아 신흥 공업국의 성장과 구 공산국가의 시장경제 전환에 따라 이들 국가와의 관계를 강화했으며, 체코, 헝가리, 폴란드, 한국의 가입이 그 예다. 2007년 이후 중국, 인도 등 신흥국과의 관계 강화 및 회원국 확대를 적극 추진하고 있다. 2010년부터 칠레, 이스라엘, 에스토니아, 슬로베니아, 에스토니아, 이스라엘, 라트비아, 리투아니아, 콜롬비아, 코스타리카가 신규 가입함으로써 2024년 기준 OECD는 총 38개 회원국으로 이루어져있다.

국제 사회의 위기 대응, 그리고 ASEAN+3 거시경제 연구소(AMRO)와 녹색기후기금(GCF)의 탄생

국제 사회가 다변화됨에 따라 기후, 환경, 금융 위기 등 다양한 문제들이 단순히 일부 국가나 지역의 문제가 아닌 범지구적 이슈로 떠오르게 되었다. 1997년 아시아 금융 위기는 지역 내 금융 안전망 구축의 중요성을 부각시켰고, 점점 악화되고 있는 기후 위기는 이를 대응할 범지구적 기구의 창설을 촉발했다.

ASEAN+3 거시경제 연구소(AMRO)

1997년 아시아 외환위기로 인한 IMF 긴급 구제 금융의 도입 및 그에 따른 구조 조정 프로그램에 대한 경험은, 아시아 국가들로 하여금 금융 위기에 대한 경각심을 높이고, 지역 차원의 금융 협력에 대해 인식하게 만든 계기가 되었다. 당시 위기를 겪으며 아시아 국가들은 지역 금융 안전망 구축에 대한 필요성을 깨닫게 되었고, 이러한 배경 속에서 지역 차원의 위기 대응, 위기 발생 시 유동성 공급 지원 등 역내 금융 협력 체제 구축에 대한 공감대가 형성되었다. 이는 양자 스와프 네트워크인 "치앙마이 이니셔티브(CMI)[4]" 체결로 이어졌고, 이후 다자간 협정인 CMIM으로 발전하여 아세안+3 금융협력의 핵심 구성요소로 자리 잡게 되었다.

시간이 흐르면서, 아세안+3 회원국들은 역내 경제 및 금융 상황에 대한 객관적인 평가를 수행하고, 역내 금융 안전망에 대한 효과적인 의사결정 등을 지원할 독립적이고 전문적인 거시경제 감시 기구의 필요성을 느끼게 되었다. 활발한 논의 끝에 아세안+3 회원국들은 마침내 2011년 4월 싱가포르에 ASEAN+3 거시경제 연구소(AMRO)를 설립하게 되었다. 이를 통해 객관적이고 독립적인 감시와 CMIM에 따른 금융 지원 제공 간 연계가 공식화 되었다. 이후 2016년, AMRO는 국제기구로 전환되어 국제적으로 위상을 높이게 되었다.

현재 AMRO는 CMIM 운영 지원, 회원국의 경제 및 금융 상황 감시, 위기 발생 시 신속한 대응을 위한 정책 조언 제공 등의 역할을 수행하고 있다. 이를 통해 ASEAN+3 국가 간의 금융 안정성과 협력을 촉진하고, 지역 내 경제 성장을 지원하며 위기 대응 역량을 강화하고 있다.

기후 위기 대응과 녹색기후기금(GCF)의 탄생

기후 위기가 인류의 존재를 위협하는 수준에 이르면서 일부 지질학자들은 현 시대를 '인류세(Anthropocene)'라고 지칭하게 되었다. 이제 개발 과정에서 기후를 반드시 고려해야 하는 상황이 되었다. 이러한 상황을

4 2000년 5월 태국 치앙마이(Chiang Mai)에서 개최된 ASEAN+3 재무장관회의에서 ASEAN 통화스와프협정(ASA: ASEAN Swap Agreements) 확대와 양자 간 스와프협정(BSA: Bilateral Swap Agreements)으로 구성된 치앙마이 이니셔티브(CMI)가 출범

반영하여 2023년 세계은행 비전에는 "살기 좋은 지구(Livable Planet)"라는 목표가 포함되기도 했다.

국제 사회는 기후 위기에 대응하기 위해 1988년 기후 변화에 관한 정부간 협의체(IPCC) 설립, 1992년 유엔기후변화협약(UNFCCC) 채택, 1997년 교토의정서 채택 등 지속적인 국제 합의를 도출해 왔다. 이러한 배경에서 국제 사회는 개도국의 기후 변화 대응을 지원하기 위한 재원을 마련하기 위해 기후기금을 창설해야 한다는 필요성을 인식하게 되었다.

한국 인천의 GCF 본부

녹색기후기금(GCF: Green Climate Fund) 출범 이전에도 지구환경기금(GEF: Global Environment Facility)이나 적응기금(AF: Adaptation Fund) 등 다양한 기후 기금이 존재했다. 그러나 지구환경기금은 기후 변화뿐만 아니라 생물 다양성, 사막화 방지 등 여러 분야를 지원하고, 적응기금은 규모가 작아 적응 사업만을 지원하는 등 한계가 있었다. 이러한 상황에서 감축(또는 완화, Mitigation: 온실가스를 줄이거나 흡수하는 활동)과 적응(Adaptation: 기후 변화로 인한 상황에 대비하는 활동)을 모두 지원하는 새로운 기후기금 설립 논의가 2009년 제15차 기후변화협약 당사국총회(COP15, 덴마크 코펜하겐)에서 시작되었고, 2013년 12월 4일 인천 송도에서 GCF 사무국이 출범하게 되었다.

GCF는 지분율에 따른 의사결정을 하는 다른 국제금융기구와 달리, 일반적으로 만장일치 방식으로 의사결정이 이루어진다. 이러한 의사결정 구조로 인해 GCF 운영에는 개도국의 입장이 반영될 여지가 많다.

GCF 출범 이후 2015년에는 파리협정이 합의되었고(한국은 2016년에 발효), 이를 통해 선진국뿐만 아니라 개도국도 기후 대응 노력에 함께 참여하게 되었다. 또한, 파리협정은 온도 상승 제한 목표 설정(산업화 이전 대비 2°C 이내 상승 제한, 1.5°C 이내 상승 권고), 기후 적응 노력, 재원 마련, 기술 이전 등을 폭넓게 규정하고 있다. 앞으로도 국제 사회의 기후 대응이 필요한 분야와 재원 소요가 증가할 것으로 예상되며, 이러한 추세를 고려할 때 GCF의 위상은 더욱 강화될 것으로 보인다. 한국은 선진국과 개도국의 기후 위기 대응을 돕는 '녹색 사다리' 역할을 하며, 기후 변화에 취약한 국가들에 녹색 기술과 경험을 전수하기 위해 노력할 것이다.

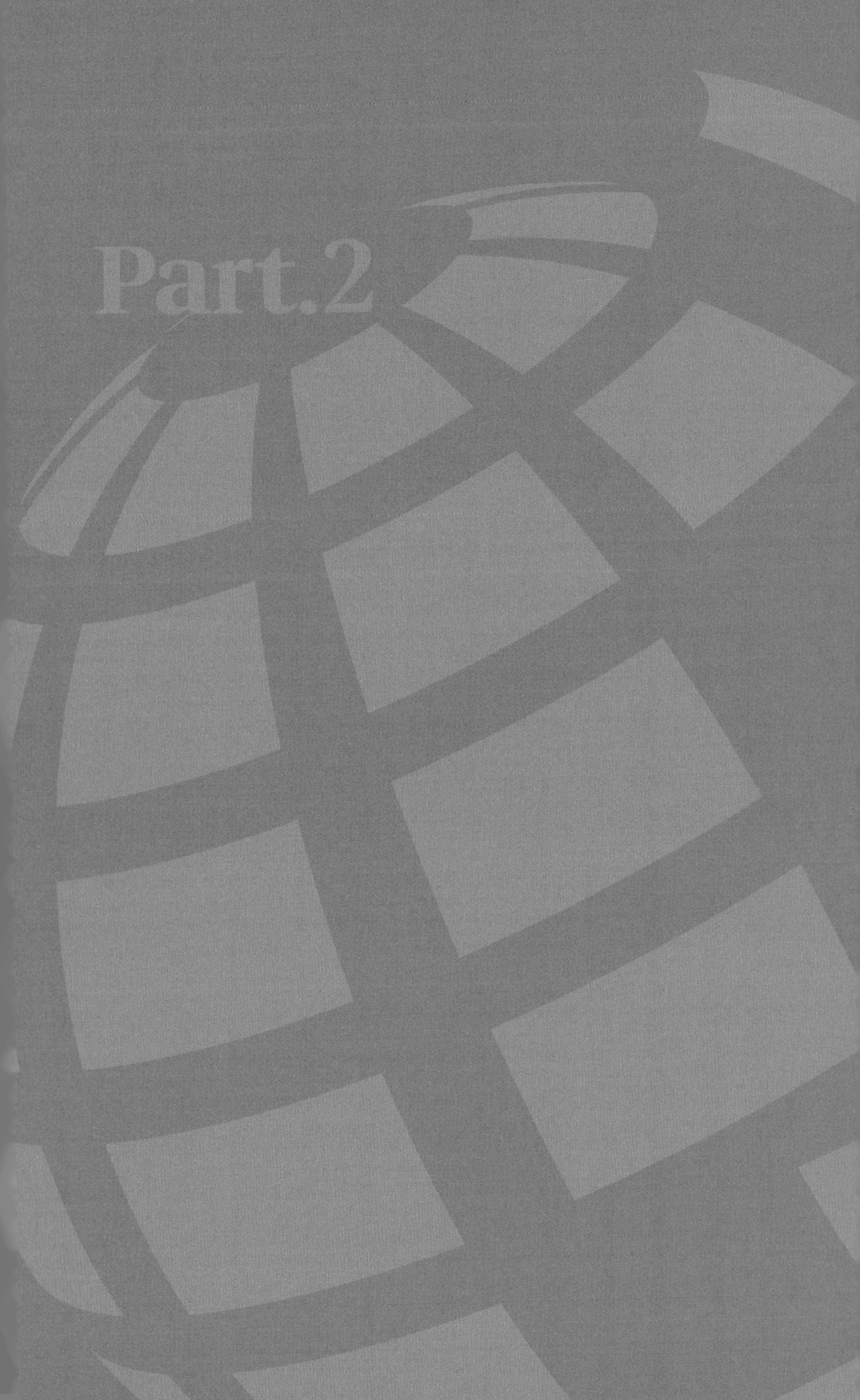

Part.2

각 국제금융기구 알아보기

01 국제통화기금(IMF)

IMF 알아보기

1. 연혁 및 현행 조직

국제통화기금(IMF: International Monetary Fund)은 국제통화 및 금융 제도의 안정을 위한 국제금융기구로, 제2차 세계대전 종전 후 브레튼우즈 협정에 따라 1945년 워싱턴 D.C.에 설립되었다. IMF 협정문은 IMF의 설립 목적을 다음과 같이 규정하고 있다.

1. 국제통화 문제에 대한 협의와 협력을 제공하는 상설기관을 통해 국제통화 협력을 촉진한다.
2. 국제무역의 확대와 균형 성장을 도모하여 회원국의 주요 경제 목표인 고용 증대, 실질소득 증가, 생산자원 개발에 기여한다.
3. 외환 안정을 촉진하고 회원국 간 질서 있는 환율 제도를 유지하며, 경쟁적인 평가절하를 방지한다.

4. 회원국 간 경상거래를 위한 다자간 결제 제도를 확립하고, 세계 무역 성장을 저해하는 외환 제한을 철폐하도록 지원한다.
5. 회원국이 IMF의 일반 재원을 단기적으로 이용할 수 있도록 하여, 국제수지 불균형을 시정할 기회를 제공한다.
6. 이로 인해 회원국의 국제수지 불균형 지속 기간을 단축하고 그 정도를 완화한다.

IMF는 가입 희망국에 특별한 자격 제한을 두지 않으며, 안정적인 환율 제도를 유지하고 국제통화 체제에 협력할 의사가 있는 모든 국가의 가입을 허용한다. 한국은 1955년 58번째 회원국으로 가입했으며, 2024년 기준 IMF 회원국은 총 190개국으로, UN 회원국 수(193개국)와 거의 비슷하다.

한편, IMF의 주요 조직으로는 우선 중요 정책 사항을 결정하는 최고 의결기구인 총회(Board of Governors)가 있다. 총회는 각 회원국이 임명한 위원(Governor)과 대리위원(Alternate Governor) 한 명씩으로 구성되며, 일반적으로 회원국의 재무부 장관과 중앙은행 총재가 그 역할을 맡는다. 총회는 협정문 개정, 신규 회원국 가입 승인 및 탈퇴 요구, 쿼타 증액과 비중 조정 등의 권한을 행사하며, 형식적으로는 연 2회(4월, 10월) IMF·WB 춘계/연차 총회가 열린다. 그러나 실제 의사결정은 주요 안건에 대해 전자투표로 이루어진다.

다음으로, 이사회(Executive Board)는 IMF의 통상 업무를 집행하는 기관으로, 24개(2024년 10월 이후에는 25개) 국가 그룹에서 각각 1명의 이사를 선출하여 활동한다. 이사회는 주 3회 개최가 원칙이며, IMF 총재(Managing Director)가 이사회 의장을 맡는다.

회원국은 투표권 행사를 위해 24개의 국가 그룹(Constituency)에 소속되며, 미국, 일본, 중국, 독일, 프랑스, 영국, 러시아, 사우디아라비아는 단독 국가 그룹을 형성한다. 다른 회원국들은 여러 국가로 구성된 다자 국가 그룹을 이루며, 한국은 호주, 뉴질랜드, 몽골 및 태평양 도서국들과 함께 국가 그룹을 구성한다. 이사직은 호주와 2년 주기로 교대로 맡으며, 2024년 11월부터 2026년 10월까지 한국이 이사직을 수행할 예정이다.

IMF 총재는 IMF의 최고 관리책임자로서 전체 업무 운영을 총괄하며, 임기는 5년이다. 총재는 이사회에서 선출되며 연임이 가능하다. 일반적으로 유럽과 미국 간의 암묵적인 합의에 따라 IMF 총재는 유럽 출신이, 세계은행 총재는 미국 출신이 선임되는 관행이 있다.

IMF의 주요 활동으로는 위기 예방을 위한 감시 활동(Surveillance), 국제수지 문제에 따른 회원국에 대한 금융 지원, 그리고 세계은행 등 여러 국제금융기구와 협력하여 추진하는 저소득국 지원 등이 포함된다. 감시 활동의 일환으로 모든 회원국에 대해 매년 1회 양자 간 정례협의(Article IV Consultation)를 실시하며, 연 2회 세계경제전망(World Economic Outlook), 글로벌 금융안정보고서(Global Financial Stability Report), 재정 모니터(Fiscal Monitor) 등을 발행한다. 또한, 주요국의 환율 등 대외 부문에 관한 대외부문보고서(External Sector Report)도 발간된다.

IMF는 회원국의 상황에 따라 일반대출제도(General Resource Account)를 운영하며, 그 목적에 따라 다양한 지원 프로그램을 제공한다. 단기 국제수지 불균형 해소를 위한 대기성 차관(Stand-By Arrangement), 구조적 요인으로 인한 중기 국제수지 불균형 해소를 위한 확대 협약(Extended Fund Facility), 긴급한 불균형 해소를 위한 신속금융제도(Rapid Financing Instrument) 등이 대표적이다. 또한, 저소득국 지원을 위해 양허성 기금인 저소득국 빈곤감축 성장기금(PRGT: Poverty Reduction and Growth Trust)도 일반대출제도와 함께 운영되고 있다.

2. 각 부서별 담당 업무 설명

IMF의 조직 구조는 지역국(Area Department)과 기능국(Functional Department)이 유기적으로 연계된 매트릭스 형태로 구성되어 있다. 지역국은 아시아·태평양, 유럽 등 지역별로 나뉘어 해당 지역 및 국가의 재정, 금융, 통화 정책 등을 모니터링하고 협의를 담당한다. 기능국은 재정, 금융, 통화 정책 등 특정 기능을 집중적으로 담당하며, 각 기능국 내의 과(divison)에서는 특정 지역 및 국가를 담당하는 구조를 가지고 있다.

지역국에는 아프리카국, 유럽국, 중동·중앙아시아국, 서반구국, 그리고 한국이 포함된 아시아·태평양국이 있다. 기능국에는 회계국, 홍보국, 법규국, 조사국, 통계국 등 다양한 부서가 있으며, 그중 재정 전반을 다루는 재정국(FAD), 통화 유동성과 금융 시장을 담당하는 통화자본시장국(MCM), IMF의 주요 정책 전반을 관장하는 전략정책검토국(SPR) 등이 있다. 이들 기능국은 특정 영역의 전문성을 바탕으로 지역국과 협력하여 IMF의 활동을 지원한다.

IMF DEPARTMENTS AND ROLE OF ECONOMISTS

As an IMF Economist, you would work either on economic developments and policies in one or more member countries as an area department "Desk Economist," or on general policies or more specialized functions in a functional department. Most assignments involve visits to member countries (missions).

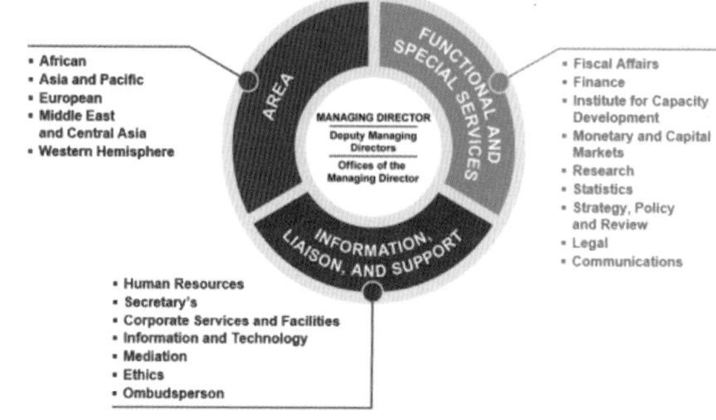

3. IMF 조직도

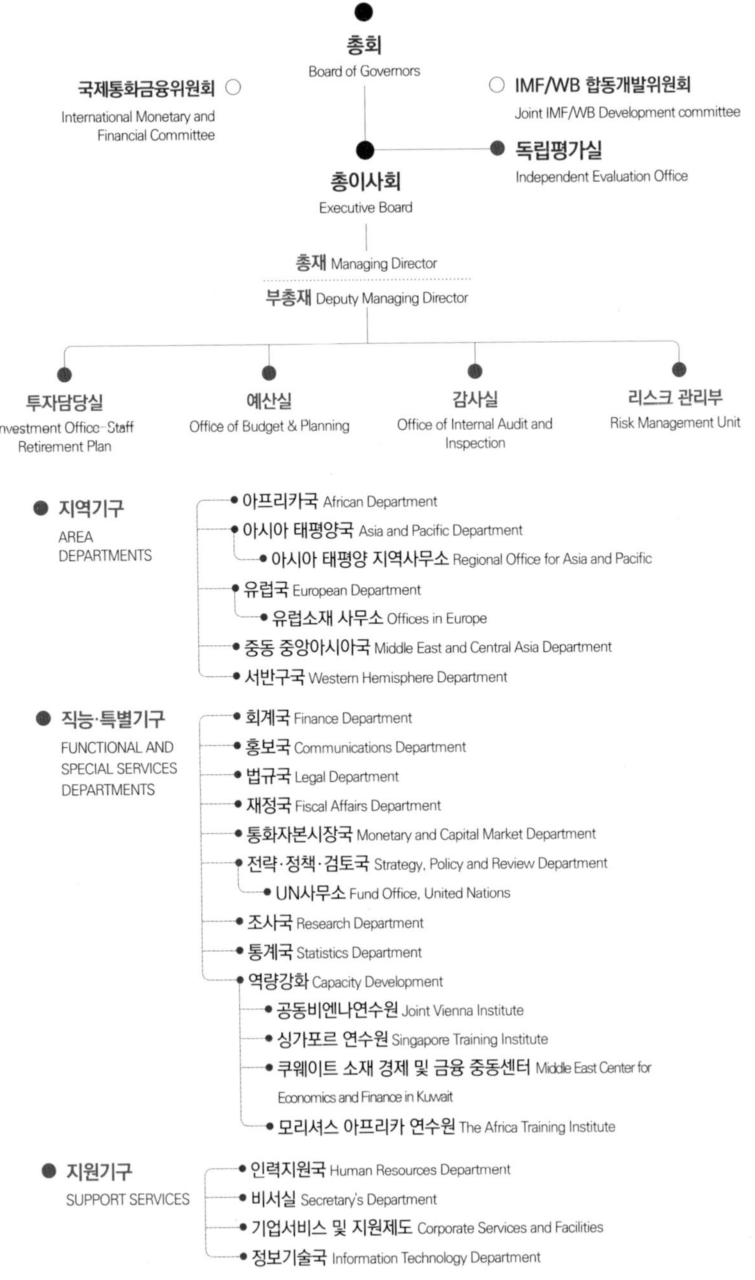

총회
Board of Governors
국제통화금융위원회
International Monetary and Financial Committee
IMF/WB 합동개발위원회
Joint IMF/WB Development committee
독립평가실
Independent Evaluation Office
총이사회
Executive Board
총재 Managing Director
부총재 Deputy Managing Director
투자담당실
Investment Office–Staff Retirement Plan
예산실
Office of Budget & Planning
감사실
Office of Internal Audit and Inspection
리스크 관리부
Risk Management Unit
지역기구
AREA DEPARTMENTS
아프리카국 African Department
아시아 태평양국 Asia and Pacific Department
아시아 태평양 지역사무소 Regional Office for Asia and Pacific
유럽국 European Department
유럽소재 사무소 Offices in Europe
중동 중앙아시아국 Middle East and Central Asia Department
서반구국 Western Hemisphere Department
직능·특별기구
FUNCTIONAL AND SPECIAL SERVICES DEPARTMENTS
회계국 Finance Department
홍보국 Communications Department
법규국 Legal Department
재정국 Fiscal Affairs Department
통화자본시장국 Monetary and Capital Market Department
전략·정책·검토국 Strategy, Policy and Review Department
UN사무소 Fund Office, United Nations
조사국 Research Department
통계국 Statistics Department
역량강화 Capacity Development
공동비엔나연수원 Joint Vienna Institute
싱가포르 연수원 Singapore Training Institute
쿠웨이트 소재 경제 및 금융 중동센터 Middle East Center for Economics and Finance in Kuwait
모리셔스 아프리카 연수원 The Africa Training Institute
지원기구
SUPPORT SERVICES
인력지원국 Human Resources Department
비서실 Secretary's Department
기업서비스 및 지원제도 Corporate Services and Facilities
정보기술국 Information Technology Department

IMF에서 근무하기

1. 직원 모집 방식 등 채용 정책

IMF 직원은 크게 사무행정/연구원(전문직)의 A-Level과 관리직의 B-Level로 나누어진다. A-Level은 연구원(Economist), 변호사, 그리고 회계, IT, 인사, 홍보 등 다양한 분야의 전문 인력을 포함한다. B-Level은 부과장, 과장, 부국장, 국장 등 관리직을 포괄하는 직급이다. IMF 직원 채용은 공식 홈페이지(www.imf.org)를 통해 온라인으로 지원할 수 있으며, 공석은 수시로 공고된다. 또한, IMF는 매년 기획재정부가 주최하는 국제금융기구 채용설명회에 꾸준히 참여하고 있다.

2. 직원 모집 분야

IMF는 직원 모집을 목적과 자격 조건에 따라 여러 프로그램으로 나누어 운영하고 있다.

① 경제 및 연구 분야(Economic and Research Roles)

경력직 거시경제학자(Experienced Macroeconomists)는 국가별 또는 지역별 거시경제 정책에 대한 전문 경험을 가진 지원자를 채용한다. 이들은 지역국(Area Department)에서 특정 국가나 지역을 담당하며, 재정, 통화, 환율 정책에 대한 분석과 제안을 담당하거나, 기능국(Functional Department)에서 재정 정책, 통화, 자본시장 등 특정 분야에서 정책 조언, 연구, 기술 지원을 수행한다. 자격 요건으로는 거시경제학, 통화·금융 경제학, 재정학, 국제무역학 등에서 석사 또는 박사 학위가 필요하며, 중앙은행, 재무부, 국제금융기구 등 관련 기관에서 3~14년의 경력이 요구된다.

한편, IMF는 경제학자 프로그램(Economist Program)을 통해 IMF에서의 업무 경험을 제공하고 있다. 이 프로그램은 3년 계약직 근무 이후 성과 평가에 따라 정규직 전환 여부를 결정하며, 박사 학위 소지자 중 만 34세 미만의 젊은 연구원이 대상이다. 조사원(Research Assistants)은 경제학자를 지원해 경제, 금융, 환율 등 다양한 분야의 통계 연구, 자료 수집 및 분석을 담당한다. 자격 요건은 경제, 통계, 수학, 금융, 컴퓨터 등 관련 학사 학위 이상이며, 2년 이상의 유관 업무 경험이 요구된다.

이외에도, IMF는 특정 프로그램 단위로 채용되는 단기 전문가(Short-term Experts)와 석·박사 과정 중인 학생을 대상으로 한 인턴십 프로그램(FIP: Fund Internship Program)을 운영하고 있다.

② 경제 외 분야(Non-Economist Roles)

경제 관련 업무 외에도, IMF는 다양한 전문 분야에서 전문가를 채용하고 있다. 홍보, 시설 관리, 재정 및 회계, 인사(Human Resources), 정보기술, 통번역, 법률, 사서 및 사무보조, 조달, 보안, 교통 지원 등 각 분야에서 결원 발생 시 상시 채용을 진행한다. 경제 분야와 마찬가지로, 각 분야의 전문가를 보조할 수 있는 조사원(Specialized Assistants Administrative Assistants)도 채용하고 있다.

3. 보수, 직급 체계, 처우 등

IMF 직원들의 직급에 따른 최저에서 최대 보수 범위는 다음 표와 같다.

IMF는 보수 외에도 다양한 혜택을 제공하고 있으며, 여기에는 의료보험, 휴가, 연금, 가족 지원, 국외 거주자 혜택 등이 포함된다. 의료 보험은 직원과 그 가족을 위한 유연하고 포괄적인 혜택을 제공하며, 휴가는 기본적으로 연간 26일이 주어지고, 근속 연수에 따라 최대 30일까지 증가할 수 있다. 또한, 연간 15일의 병가가 보장된다. 연금 제도는 확정 기여형 플랜을 포함하며, 높은 수준의 최종 급여를 보장하는 혜택도 제공된다. 가족이 있는 직원에게는 주거 및 근로 관련 조언과 자녀 정착을 위한 영어 교육 프로그램 등이 제공된다. 또한, 국외에서 근무하는 직원들을 위해 정기적인 고향 방문 지원과 자녀 교육 프로그램도 운영되고 있다.

IMF 직급별 보수 구조

※ 2022.5.1., U.S. dollars 기준

등급	보수		비고
	최저	최대	
A01	34,680	52,000	사무보조, 조사원, 행정지원, 사서, 통번역 등
A02	38,800	58,210	
A03	43,450	65,180	
A04	48,650	72,980	
A05	54,500	81,750	
A06	61,030	91,550	
A07	68,360	102,550	
A08	76,560	114,850	
A09	80,410	120,620	
A10	92,480	138,730	
A11	106,350	159,530	연구원(Economist), 변호사, 전문직 등
A12	122,310	183,470	
A13	140,640	210,970	
A14	167,380	251,070	부과장(Deputy Division Chief) 등
A15/B01	192,490	288,740	과장(Division Chief), 부과장, 자문관 등
B02	225,890	327,540	과장, 자문관 등
B03	266,840	346,890	부국장보(Assistant Department Director)
B04	299,920	383,030	부국장(Deputy Department Director)
B05	348,940	437,610	국장(Department Director)

4. 한국인 채용 현황

2024년 6월 말 기준, IMF에서 재직 중인 한국인 직원은 총 56명으로, 전체 IMF 직원의 약 1.4%를 차지하고 있다. 이는 우리나라의 IMF 지분(쿼타) 비율인 1.8%에 비해 다소 낮은 수준이지만, IMF와 한국 간 협력 강화에 따라 점차 증가하는 추세를 보이고 있다. 2020년 33명이던 한국인 직원 수는 2021년 38명, 2022년 45명, 2023년에는 58명으로 꾸준히 늘어났다.

한국인 직원들은 아시아·태평양국 등 지역국뿐만 아니라 통화자본시장국, 재정국 등 기능국에서도 다양한 분야에서 활동 중이며, 채용 직급 또한 B-Level에서 A-Level까지 다양하게 분포하고 있다. 다만, 이창용 한국은행 총재(前 아시아태평양국 국장)의 퇴임 이후 IMF 내 고위직에 있는 한국인은 상대적으로 적은 편이다.

이에 한국 정부는 고위급 면담 등 주요 기회를 통해 IMF 경영진, 특히 총재 및 수석부총재와의 협의에서 대표성과 다양성 확보 차원에서 한국인 인재의 채용 확대와 고위직 진출 필요성을 적극 강조하고 있다. 또한, 매년 열리는 국제금융기구 채용설명회에 IMF 인사국 담당자를 초청해 유관 학회 및 주요 대학을 통해 채용 홍보를 적극 지원하고 있다.

IMF 인사담당자로부터 알아보기

What is the most important principle of your institution in recruiting staff with different national backgrounds?

As an international organization, the IMF is committed to having a staff that reflects the diversity of its membership. A diverse staff allows us to effectively draw on different perspectives to enhance the quality of decision making, deepen the relevance of our policy advice, and enhance our efficiency and effectiveness. Diversity thereby strengthens the legitimacy and relevance of the IMF in delivering services to our member countries. Accordingly, we strive to attract, retain, and develop a pool of talent that is diverse and leverage the diverse knowledge and experiences of all our employees. To this end, our staff diversity benchmarks for hiring remain a key element of the diversity and inclusion strategy.

Describe some of the key measures your institution is currently taking to observe such principle or strategy mentioned above.

Diversity has been integral to the IMF since its inception and an established priority for almost 30 years. In 1995, the then Managing Director created the role of Special Advisor on Diversity, and the following year issued a statement and action plan on "Measures to Promote Staff Diversity and Address Discrimination". The Fund now has a 20-year history of diversity benchmarks which have been revised over time to ensure progress is made in both gender and regional representation. While benchmarks are important to maintain progress, they are not an end in themselves, but rather a tool through which the Fund can better represent and serve its membership and become a more diverse institution in terms of gender and geographical composition. Progress to meeting the benchmarks is supported by regular reporting to Management and the Board.

Diversity and Inclusion trainings and mentoring/sponsorship are provided on areas such as understanding unconscious bias and addressing harassment and discrimination at the Fund, etc. Each IMF department has a diversity reference group in place to provide guidance to the departmental leadership team, recommend initiatives to build an inclusive workplace, and support staff. The IMF also has active network of employee resource groups that represent the interest of communities of staff within the organization including for example, particular regional nationalities and those with or caring for dependents with disabilities.

What are your institution's main criteria of reviewing resumes and interviewing applicants?

The IMF has openings in a variety of fields, including economics, research, legal, information technology, finance, accounting, human resources, and communications. The IMF is looking for candidates who have a broad knowledge in their respective areas, can apply that learning to IMF activities, can think through issues and convey interesting and persuasive ideas, and have comprehensive knowledge of current world events in their areas of responsibility. Strong written and oral communication skills are essential for all vacancies with fluency in additional languages an advantage.

Our recruiters will review a candidate's application based on its match to the desired candidate profile and the job requirements detailed in the position description role including work experience, academic background, skills, and competencies. Depending on the position, candidates may undergo assessments including a HireVue digital interview, a preliminary interview with an IMF staff member, and written assessments. Shortlisted candidates will be invited to participate in a panel interview.

To learn more about our opportunities, please visit our career page at **https://www.imf.org/jobs** where all our current vacancies are posted, or you can visit our LinkedIn page : **International Monetary Fund: Jobs | LinkedIn**

Does your institution have any recruitment program you would like to recommend for the applicants in their twenties without much work experience?

The IMF has several recruitment programs aimed at candidates in their early professional career :

- **Research Analyst Program(RAP)** - The RAP offers a unique opportunity for recent graduates to gain useful experience and contribute to the IMF's research and analytical projects before pursuing graduate studies. RAP participants are hired on a wide geographical basis, and all positions are located at the IMF Headquarters in downtown Washington, D.C. Participation in the RAP may also contribute to meeting pre-doc requirements for some universities.

- **Fund Internship Program(FIP)** - The Fund offers a paid summer internship program to graduate students of economics to conduct research during the summer months on topics of interest to the Fund. The internships are primarily targeted at potential candidates to the Fund's Economist Program(EP), which is a point of entry for talented economists to seek a career in the Fund. Internships in other areas of work, such as information technology, public policy, creative and multimedia, interpretation/translation, etc. are also offered based on the availability of projects.
- **Economist Program(EP)** - The EP is the main gateway into the IMF for economists joining the organization soon after completion of their PhD studies in economics, macroeconomics, public finance, monetary economics, financial sector issues, or econometrics. As part of the EP cohort, young economists will build a long-term career gaining hands-on exposure to a cross-section of IMF work and an opportunity to apply their research and analytical skills directly to essential policy work which impacts our 190 member countries.

Description of each department's responsibilities

The International Monetary Fund(IMF) works to achieve sustainable growth and prosperity for all of its 190 member countries. It does so by supporting economic policies that promote financial stability and monetary cooperation, which are essential to increase productivity, job creation, and economic well-being. The IMF is governed by and is accountable to its member countries.

The IMF has three critical missions: furthering international monetary cooperation, encouraging the expansion of trade and economic growth, and discouraging policies that would harm prosperity. At the top of the organizational structure is the Board of Governors, consisting of one governor and one alternate governor from each member country, usually the top officials from the central bank or finance ministry. Twenty-four of the governors serve on the International Monetary and Financial Committee, or IMFC, which advises the IMF's Executive Board. The day-to-day work of the IMF is overseen by its 24-member Executive Board, which represents the entire membership and is supported by IMF staff. The Managing Director is the head of the IMF staff and Chair of the Executive Board and is assisted by four Deputy Managing Directors. The IMF staff is organized as follows:

Area Departments

The five area departments advise management and the Executive Board on economic developments and policies in countries in their geographic regions. Their staff are responsible for putting together financial arrangements to support members' economic reform programs and for reviewing performance under these IMF-supported programs.

- **African Department(AFR)**
- **Asia and Pacific Department(APD)**
- **European Department(EUR)**
- **Middle East and Central Asia Department(MCD)**
- **Western Hemisphere Department(WHD)**

Functional and Special Services Departments

- **The Communications Department(COM)** promotes public understanding of and support for the IMF and its policies. It aims to make the IMF's policies understandable through many activities aimed at transparency, communication, and engagement with a wide range of stakeholders.
- **The Finance Department(FIN)** is responsible for mobilizing, managing, and safeguarding the IMF's financial resources to ensure that they are deployed in a manner consistent with the Fund's mandate. This entails major responsibilities for the institution's financial policies and for the conduct, accounting, and control of all financial transactions.
- **The Fiscal Affairs Department(FAD)** is responsible for activities involving public finance in member countries. It participates in area department missions, particularly with respect to the analysis

of fiscal issues; reviews the fiscal content of IMF policy advice, including in the context of IMF-supported adjustment programs; helps countries draw up and implement fiscal programs; and provides technical assistance in public finance.

- **The Institute for Capacity Development(ICD)** delivers training that enhances the ability of member-country officials to analyze economic developments and formulate and implement effective economic policies. This department also provides internal economics training that strengthens the ability of Fund economists to provide good analysis and advice to the membership. Lastly, the ICD coordinates fundraising in the Fund, builds partnerships with donors, and manages external funds, including the establishment, administration, and oversight of Regional Technical Assistance Centers.
- **The Legal Department(LEG)** advises management, the Executive Board, and the staff on the applicable rules of law. It prepares most of the decisions and other legal instruments necessary for the IMF's activities.
- **The Monetary and Capital Markets Department(MCM)** is responsible for policy, analytical, and technical work relating to financial sectors and capital markets, and monetary and foreign exchange systems, arrangements, and operations.
- **The Research Department(RES)** conducts policy analysis and research in areas relating to the IMF's work. The department plays a prominent role in global surveillance and in developing

IMF policy concerning the international monetary system.

- **The Statistics Department(STA)** maintains databases of country, regional, and global economic and financial statistics, and reviews country data in support of the IMF's surveillance role. It is also responsible for developing statistical concepts in external sector, government finance, and monetary and financial statistics, as well as for producing methodological manuals.
- **The Strategy, Policy and Review Department(SPR)** plays a central role in the design and implementation of the IMF's policies related to surveillance and the use of the IMF's financial resources. Through its review of country and policy work, SPR seeks to ensure the consistent application of IMF policies throughout the institution.

Information, Liaison, and Support Departments

- **The Corporate Services and Facilities Department(CSF)** leverages its specialized knowledge, best practices, and innovation to continuously adapt to changing business requirements, and to integrate its services seamlessly with the work programs of the Fund. The CSF Front Office manages and oversees the services offered by the department's five divisions to ensure that they enable the Fund's mission in the most responsive, reliable, and efficient manner possible.
- **The Human Resources Department(HRD)** ensures that the IMF has the right mix of staff skills, experience, and diversity to

meet the changing needs of the organization, and that human resources are managed, organized, and deployed in a manner that maximizes their effectiveness, moderates costs, and keeps the workload and stress at acceptable levels.

- **The Information Technology Department(ITD)** delivers technology-based solutions that support the rapidly changing work of the Fund. ITD leverages a "Business Capability Driven" framework that emphasizes secure, reusable and innovative solutions that can be delivered rapidly and cost effectively.
- **The Secretary's Department(SEC)** organizes and reports on the activities of the IMF's governing bodies and provides secretariat services to them, as well as to the Group of Twenty-Four. In particular, it assists management in preparing and coordinating the work program of the Executive Board and other official bodies, including by scheduling and helping ensure the effective conduct of Board meetings.

02 세계은행그룹(WBG)

WBG 알아보기

1. 연혁 및 현행 조직

세계은행그룹(WBG: World Bank Group)은 전 세계 개발도상국에 재정적·기술적 지원을 제공하는 대표적인 국제금융기구이다. WBG의 사명은 빈곤을 퇴치하고 공동 번영을 증진하고, 개발도상국이 스스로 발전할 수 있도록 재원을 제공하고 지식을 공유하며, 역량을 강화하고 민간 및 공공 부문과의 파트너십을 구축하는 것이다. 이를 통해 WBG는 개발도상국이 교육, 보건, 공공 행정, 인프라, 금융 및 민간 부문, 농업, 환경, 자원 관리 등에 투자할 수 있도록 저금리 혹은 무이자 융자와 무상 공여를 제공한다.

최근 WBG는 "살기 좋은 지구에서 빈곤을 퇴치하는 세상(Our vision is to create a world free of poverty on a livable planet)"이라는 비전을 제시하고, 이를 실현하기 위해 세 가지 주요 목표에 집중하고 있다.

- 여성과 청년층을 포함한 모든 사람을 포용하는 개발 지원
- 기후 변화, 생물다양성 위기, 팬데믹 같은 외부 충격에 대응하는 회복력 있는 개발 지원
- 경제 성장, 일자리 창출, 재정 및 채무 관리, 식량 안보, 청정 에너지 접근성 등을 통한 지속 가능한 개발 지원

WBG는 다섯 개의 주요 기관으로 구성된다.

1. 국제부흥개발은행(IBRD: International Bank for Reconstruction and Development) : 중간 소득 이상의 개발도상국을 위한 개발 자금 지원과 자문을 제공한다.
2. 국제개발협회(IDA: International Development Association) : 저소득 및 최빈국을 대상으로 장기 저리 자금을 제공하여 경제 개발과 생활 수준 향상을 도모한다.
3. 국제금융공사(IFC: International Finance Corporation) : 개발도상국의 민간 부문에 투자와 융자를 제공한다.
4. 국제투자보증기구(MIGA: Multilateral Investment Guarantee Agency) : 개발도상국에 대한 투자에 비상업적 위험을 보증한다.
5. 국제투자분쟁해결본부(ICSID: International Centre for Settlement of Investment Disputes) : 민간 직접 투자 관련 분쟁을 해결하는 기능을 수행한다.

이 다섯 기관은 서로 다른 법적 기반에 의해 설립되었으나, IBRD, IDA, IFC는 동일한 총회 의장, 상무이사, 총재를 두고 상호 보완적으로 운영된다. MIGA와 ICSID는 각각 투자 보증과 분쟁 해결을 담당하며, 다른 기관들과는 업무 특성상 조직 체계가 다르다.

2. WBG 조직도

총회
Board of Governors
검토부
Inspection Panel
독립평가국
Independent Evaluation
상무이사회
Executive Directors
책임메커니즘국
Accountability Mechanism
개발경제국
Development Economics
법무국
General Counsel
행정 및 이사회 담당국
Corporate Secretary
총재
President
인사국
Human Resources
감사실
Group Internal Audit
부패방지국
Integrity
비서실
Chief of Staff
윤리담당국
Ethics & Internal Justice Services
IBRD/IDA 사업운영부
Operations IBRD/IDA
개발정책 및 파트너십부
Development Policy & Partnerships
CFO, 재무회계부
Chief Financial Officer
CAO, 행정부
Chief Administrative Officer
운영정책 및 국별서비스국
Operations Policy and Country Services
유럽·중앙아 지역국
Europe and Central Asia
People부
(교육국, 보건의료국, 사회보장국 관할)
리스크 담당국
Chief Risk Officer
예산·전략계획부
Budget, Performance Review & Strategic Planning
동·남부아프리카 지역국
Eastern & Southern Africa
중남미 지역국
Latin America and Caribbean
Planet부
(농업국, 환경국, 기후국, 수자원국, 포용국 관할)
개발금융국
Development Finance
정보기술솔루션부
Information & Technology Solutions
중·서부아프리카 지역국
Western & Central Africa
중동·북아프리카 지역국
Middle East & North Africa
Prosperity부
(금융경쟁력혁신국, 제도국, 경제정책국, 빈곤국 관할)
재무국
Treasury
동아태 지역국
East Asia and Pacific
남아시아 지역국
South Asia
인프라부
Infrastructure (교통국, 도시개발국, 지속가능인프라금융국, 에너지국 관할)
회계국
Finance & Accounting
디지털전환부
Digital Transformation
대외협력부
External & Corporate Relations

WBG에서 근무하기

1. 직원 모집 방식(정보 취득 경로, 진출 경로) 등 채용 정책

WBG는 정규직 채용을 기간직(Term appointment) 형태로 진행하며, 채용 후 일정 요건을 충족하면 영구직(Open-ended)으로 전환될 수 있다. 정규직 외에도 임시직 형태의 장·단기 컨설턴트를 최대 3년 이하로 고용하기도 한다. 채용은 모집 분야의 국제 경험 여부에 따라 IRS(Internationally Recruited Staff)와 LRS(Locally Recruited Staff)로 나누어진다. IRS는 전 세계 회원국을 대상으로 한 글로벌 인재 채용이며, LRS는 WBG 본사나 현지 사무소에서 지역 인재를 모집하는 방식이다.

WBG는 18세 이상 60세 미만의 WBG 회원국 국민을 대상으로 직원 선발을 하고, 컨설턴트는 연령 제한이 없다. 모든 지원은 온라인을 통해 이루어지며, 공개 채용 전형(YPP, 인턴십)을 제외하고는 수시로 채용이 진행된다.

지원서 마감 후 최종 합격 발표까지는 2주에서 수개월이 소요되며, 신원 조회 후 근무 시작까지 최대 8~9개월이 걸린다. 서류 심사(1, 2차 합격 발표) 후 면접 전형을 거쳐 최종 합격자가 선발되며, 결과는 이메일로 통보된다. WBG 채용에 대한 자세한 정보는 WBG 채용 안내 페이지(www.worldbank.org/en/about/careers)에서 확인할 수 있다.

2. 직원 모집 분야

WBG는 다양한 직급과 프로그램을 통해 전문가를 채용하고 있으며, 각 직급과 프로그램은 지원자에게 요구되는 자격과 경력에 따라 구분된다.

- **전문·기술직(GG, GF)** : 석사 또는 박사 학위 소지자로, 5년 이상의 경력과 개발 또는 국제 업무 경험을 갖춘 인재를 선호한다.

- **사무·지원직(GD, GC, GB, GA)** : 세계은행 본사 및 각국 사무소에서 근무할 수 있는 언어 구사 능력을 요구한다.
- **청년 전문가(Young Professional Program, YPP)** : WBG는 다양한 분야에서 뛰어난 인재를 발굴하기 위해 YPP 프로그램을 운영한다. 만 32세 미만의 석사급 인재 또는 3년 이상의 박사 과정 학생을 대상으로 하며, 영어와 WBG에서 사용되는 제2외국어에 능통해야 한다. 이 프로그램을 통해 입사한 직원들은 GF 등급에서 5년 계약으로 근무하며, 많은 YP 출신들이 현재 간부직을 맡고 있다. 매년 9월 지원서를 접수하며, 전 세계적으로 1만~1만 5,000명이 지원해 약 1,000명이 최종 선발된다.
- **인턴십 및 Junior Professional Associate(JPA)** : 만 32세 이하의 인재들이 WB에서 경력을 쌓고 자기계발을 할 수 있는 기회를 제공한다. 학사학위 이상 소지자는 지원 가능하며, 정규직 전환은 불가능하지만 향후 정규직 지원 시 경력으로 인정된다.
- **초급 및 중견 전문가(JPO, MC)** : 공여국의 신탁기금 수탁을 통해 공여국 국민에게 WBG 근무 기회를 제공하는 프로그램으로, JPO는 3년 이상의 경력, MC는 5년 이상의 경력을 요구하며, 석사학위 이상과 영어 및 제2외국어 능력을 요구한다. 한국 정부는 2010년부터 JPO 프로그램을, 2021년부터 MC 프로그램을 지원해 현재 총 38명을 지원하고 있으며, 2024년 기준으로 6명을 선발 중이다.
- **임시직 전문 컨설턴트(Consultant)** : 최대 3년간 고용되며, 근무 성과에 따라 연임 및 재계약이 가능하다. 채용 정보는 WBG 홈페이지에 수시로 공지된다.

3. 보수(등급별 보수표), 직급 체계, 처우, 후생 복지 등

WBG 직급별 보수 구조

※ '24.6월말 기준

Grades	Representative job titles	Minimum (US$)	Midpoint (US$)	Maximum (US$)	Staff at grade level (%)	Average salary/grade (US$)	Average benefits (US$)
GA	Office Assistant	31,300	44,700	58,100	0.01%	44,620	21,216
GB	Team Assistant, Information Technician	37,100	53,000	68,900	0.04%	48,415	23,020
GC	Program Assistant, Information Assistant	45,400	64,900	84,400	4.83%	67,732	32,205
GD	Senior Program Assistant, Information Specialist, Budget Assistant	54,100	77,300	100,500	5.68%	82,765	39,353
GE	Analyst	74,100	105,900	137,700	9.51%	97,640	46,425
GF	Professional	98,300	140,500	182,700	23.61%	127,171	60,466
GG	Senior Professional	127,600	182,300	237,000	38.93%	178,089	84,677
GH	Manager, Lead Professional	171,800	245,500	319,200	14.75%	249,956	118,848
GI	Director, Senior Advisor	259,900	324,900	389,900	2.22%	324,889	154,477
GJ	Vice President	316,000	371,800	427,600	0.36%	379,286	180,341
GK	Managing Director, Executive Vice President, Senior Vice President	351,300	413,300	475,300	0.07%	431,211	170,666

위와 같이 WBG의 직급별 기본 급여(Salary)는 직급에 따라 상이하며, 매년 개인의 성과와 기여도에 따라 익년 기본 급여가 조정된다. 직원이 은퇴할 때는 근무 기간과 최종 급여 수준에 따라 정액의 연금을 지급받으며, 일정 기간 이상 근무한 직원에게는 퇴직 시 급여 수준에 따라 퇴직금도 지급된다. 퇴직금의 지급 대상과 범위는 직원의 입사 시기 및 근무지(본부 또는 지역사무소)에 따라 다를 수 있다.

또한, 본국으로 귀국하는 경우, 일정 기간 이상 근무한 직원에게는 본국 귀국 비용이 지원되기도 한다. WBG는 정직원과 그 피부양자를 대상으로 의료, 생명, 상해 보험을 제공하며, 은퇴 후에도 이러한 보험 혜택을 계속 제공한다.

직원에게는 연간 26일의 기본 휴가가 제공되며, 특정 직급(GF급 이상)부터는 이주와 교육 등 정착 비용도 지원된다. 이러한 혜택들은 직원들이 안정적인 환경에서 근무할 수 있도록 돕기 위한 WBG의 정책이다.

4. 한국인 채용 현황

2024년 3월 말 기준, WBG에는 정규직원, 컨설턴트, 파견직을 모두 포함하여 총 189명의 한국인이 근무하고 있다. 최근 10년간 WBG 내 한국인 직원 수는 크게 증가했으며, 이는 WBG의 단독 채용미션단의 방한(2016년, 2018년, 2022년), WBG 한국사무소 설치, 그리고 김용 전 WBG 총재의 관심 등이 영향을 미친 것으로 보인다.

그럼에도 불구하고, 한국의 WBG 기여도(지분율 1.69%)에 비해 한국인 인력 비율(0.99%, 계약직 컨설턴트 제외)은 여전히 낮아, 한국은 인사중점국(Nationality of Focus)으로 분류되어 채용에 있어서 관심국으로 지정된 상태이다. 특히, 중간관리자(GH, Manager 이상) 이상의 고위직급 진출은 여전히 미진한 상황이다.

현재 중간관리자 중 과장급(GH, Manager) 이상은 10명, 국장급(GI, Director) 이상은 1명에 불과하며, 최근에는 "디지털 전환부서(Digital Transformation)"의 부총재로 김상부 전 구글 컨슈머 공공정책 아시아·태평양 총괄이 한국인 최초로 선임되어 2024년 9월 3일부로 근무를 시작했다. 이러한 성과는 한국 정부와 WBG 총재 및 고위급 간의 긴밀한 협력 관계 덕분에 이루어진 결과이며, 앞으로도 한국의 우수한 인재들의 WBG 진출이 확대될 것으로 기대된다.

WBG 인사담당자로부터 알아보기

What is the most important principle of your institution in recruiting staff with different national backgrounds?

At the World Bank Group(WBG) we aim for a workforce that reflects the countries where we work. We currently have over 18,000 staff representing 184 nationalities, and we continuously review and assess representation to make necessary adjustments. Beyond nationality, we embrace diversity in all forms, including gender, gender identity, race, ethnicity, age, sexual orientation, disability, and other dimensions. While pursuing a diverse and multicultural workforce, we recruit talent of the highest caliber with strong technical and leadership skills and a demonstrated commitment to our vision and mission.

Describe some of the key measures your institution is currently taking to observe such principle or strategy mentioned above.

Our outreach efforts pursue diverse candidates in specific regions and subregions. Further, we intentionally outreach to specific nationals who are already studying or working abroad and potentially inclined towards a career in an international organization. We also work with our Executive Directors and the Ministries of Finance in our member countries to facilitate the hiring of specific nationals, often through our donor-funded and sponsored staffing programs. We also leverage our corporate programs, such as the Junior Professional Associates Program and the Young Professionals Program, which attract young professionals from diverse backgrounds across nationality and other dimensions.

What are your institution's main criteria of reviewing resumes and interviewing applicants?

Successful applicants firmly demonstrate the technical and behavioral competencies required by the job description in their resumes and during their interviews. Technical competencies include skills, knowledge, experience, and expertise. Behavioral competencies include teamwork, communication, problem-solving, adaptability, and related factors required to excel in a collaborative work environment. Moreover, we look for candidates who demonstrate a passion for international development.

Does your institution have any recruitment programs you would like to recommend for applicants in their twenties without much work experience?

For applicants in their twenties without much work experience, we have several excellent programs that offer valuable experience and development opportunities.

The Junior Professional Associates(JPA) Program is suitable for recent graduates in their twenties(age capped at 32) with a bachelor's degree and limited work experience. It offers a three-year contract position and the opportunity to work on wide-ranging projects to gain exposure to WBG operations.

The World Bank Group's Young Professionals Program(WBG YPP) is our flagship program that engages top global talent with distinctive technical skills and diverse backgrounds to work across the World Bank, MIGA, and IFC. It is a two-year program that starts with a five-year term appointment. Eligibility requirements include a masters-level degree or equivalent in a relevant field. Like the JPA program, the age requirement is capped at 32.

The Bank Internship Program(BIP) seeks highly motivated candidates with a bachelor's degree who are enrolled in a full-time graduate program. Interns are exposed to our work and mission and contribute fresh ideas, perspectives, research, and experience to our work. While there is no age limit or requirement, this is an ideal program for professionals in their twenties.

03 미주개발은행(IDB)

IDB 알아보기

1. 연혁 및 현행 조직

미주개발은행(IDB: Inter-American Development Bank)은 미국 워싱턴 D.C.에 본부를 둔 지역개발은행으로, 1959년 미국과 19개 중남미 및 카리브해 국가들의 협력으로 설립되었다. IDB는 중남미 및 카리브해 지역의 최대 개발 금융 제공 기관으로, 해당 지역의 경제 및 사회 발전과 지역 통합을 촉진하기 위해 다양한 기능을 수행하고 있다.

IDB의 주요 기능은 다음과 같다.

1. 공공 및 민간 자본의 개발 목적 투자 촉진 : 경제 성장을 위한 자본 투자를 유도.
2. 융자 및 보증 제공 : 자체 자본 및 금융 시장으로부터 자금을 조달하여 회원국의 경제 성장을 지원.
3. 경제 발전 프로젝트 및 민간 투자 장려 : 경제 발전에 기여하는 프로젝트

를 통해 민간 자본을 보완하고 기업 성장을 지원

4. 회원국과의 협력 : 자원의 효율적인 활용을 위한 개발 정책 협력
5. 기술 원조 제공 : 개발 계획 준비, 재원 조달 및 실행 과정에서 회원국에 기술적 지원을 제공

특히, IDB는 2024년부터 향후 7년간(2024~2030년)의 로드맵인 IDB 그룹 기관 전략을 수립하여, 중남미 및 카리브해 지역의 잠재력 실현을 위한 생물다양성 보존, 기후 변화 대응, 식량 생산, 재생 에너지 전환 등의 분야에서 역할을 확대하고 있다.

이 전략의 주요 목표는 다음과 같다.

1. 빈곤 및 불평등 완화 : 빈곤 해소와 더불어 교육, 보건, 사회 보장, 식량 안보, 성평등 강화를 위한 인적 자본 투자
2. 기후 변화 대응 : 아마존 산림 파괴 방지, 온실가스 감축, 생물다양성 보존, 기후 회복력 및 적응 역량 강화
3. 지속 가능 성장 촉진 : 지속 가능하고 회복력 있는 물리적 및 디지털 인프라 투자를 통해 1인당 실질 GDP 증대와 지역 통합 촉진

IDB는 차입국(borrowing)과 비차입국(non-borrowing)을 포함해 총 48개 회원국으로 구성되어 있다. 이 중 차입국은 중남미 및 카리브해 지역에 위치한 26개국이며, 이들 차입 회원국은 은행의 가용 자본 및 투표권의 50% 이상을 보유하고 있다. 특히, 2010년 제9차 일반증자(IDB-9) 이후, IDB는 연간 대출 승인액의 최소 35%를 소규모 및 취약 회원국[1]에 할당하는 정책을 유지하고 있다.

---

1 바하마, 바베이도스, 벨리즈, 볼리비아, 코스타리카, 도미니카 공화국, 에콰도르, 엘살바도르, 과테말라, 가이아나, 아이티, 온두라스, 자메이카, 니카라과, 파나마, 파라과이, 수리남, 트리니다드 토바고, 우루과이

비차입국은 IDB를 통해 중남미 및 카리브해 지역의 개발에 자원과 노력을 집중할 수 있는 기회를 갖는다. 22개 비차입 회원국은 미국, 캐나다, 중국, 이스라엘, 일본, 한국, 미국, 그리고 16개의 유럽 국가[2]로 구성되어 있다. 비차입국은 IDB에 자본을 제공하며, 이사회의 투표권은 해당 국가가 납입한 자본에 비례하여 결정된다.

이로써 IDB는 중남미 및 카리브해 지역의 지속 가능한 발전을 위한 중요한 재정적 지원과 협력의 플랫폼을 제공하고 있다.

한편 IDB와 그 자매기구인 미주투자공사((IDB Invest, (구) IIC(Inter-American Investment Corporation)) 및 다자간투자기금(IDB LAB, (구) MIF(Multilateral Investment Fund))을 합쳐 미주개발은행그룹(IDBG: Inter-American Development Bank Group)이라고 한다.

IDB Invest는 중남미 및 카리브해 지역 내 민간 기업을 지원하는 기구로, 이 지역의 민간 부문 성장을 촉진하고 있다. IDB LAB은 중남미 및 카리브해 지역의 영세 기업에 양허성 자금을 제공하는 기구로, 취약계층과 영세 기업의 경제적 기회를 확대하는 데 중점을 두고 있다.

IDB Invest와 IDB LAB은 각각의 협정에 의해 설립된 별도의 법인체이지만, IDB 총재와 이사가 각각 IDB Invest의 이사회 의장과 이사를 겸임하고 있으며, 이들은 중남미 및 카리브해 지역의 경제 발전이라는 동일한 목표를 위해 상호보완적인 역할을 수행한다. 특히, IDB LAB은 별도의 집행 기구 없이 IDB가 그 업무 집행을 관장하고 있다.

---

2 오스트리아, 벨기에, 크로아티아, 덴마크, 핀란드, 프랑스, 독일, 이탈리아, 네덜란드, 노르웨이, 포르투갈, 슬로베니아, 스페인, 스웨덴, 스위스, 영국

2. IDB 조직도

수원국 담당 부총재
Vice President for Countries

- 남미 원뿔꼴 국가국
  Country Department Southern Cone
- 안데스그룹 국가국
  Country Department Andean Group
- 카리브해그룹 국가국
  Country Department Caribbean Group
- 중미·아이티·멕시코·파나마·도미니카공화국 국가국
  Country Department Central America, Haiti, Mexico, Panama and Dominican Republic

부문·지식 담당 부총재
VP for Sectors & Knowledge

- 인프라·에너지 분야
  Infrastructure and Energy Sector
- 사회분야
  Social Sector
- 개발기관 분야
  Institution for Development Sector
- 기후 변화 및 지속가능개발 분야
  Climate Change and Sustainable Development Sector
- 지식·혁신·커뮤니케이션 분야
  Knowledge, Innovation, Communication Sector
- 경제통합·무역 분야
  Integration and Trade Sector
- 조사국 및 선임연구원
  Department of Research and Chief Economist

재무·행정 담당 부총재
VP for Finance & Administration

- 재무국
  Finance Department
- 인사국
  Human Resources Department
- 정보기술국
  Information Technology Department
- 예산 및 행정서비스국
  Budget and Administrative Services Department
- 법률국
  Legal Department
- 직원연금플랜 사무국
  Executive Secretariat of the Staff Retirement Plan

IDB에서 근무하기

IDB는 중남미 및 카리브해 지역에 총 26개의 사무소를 두고 있으며, 본부는 미국 워싱턴 D.C.에 위치하고 있다. 또한 유럽과 아시아에도 IDB 사무소가 있어, 모든 지역 사무소에서 정기적으로 채용을 진행하고 있다. IDB 직원은 48개 IDB 회원국 국민이어야 하며, 반면에 IDB Invest는 출신국에 제한을 두지 않는다. 채용과 관련한 정보는 IDB Professionals 채용 페이지(https://www.iadb.org/en/how-we-can-work-together/professionals)를 통해 확인할 수 있다.

현재 IDB에는 본부 직원(Staff) 7명을 포함하여, 컨설턴트 및 파견(Secondment) 등을 포함한 총 53명의 한국인 직원이 근무 중이다. 또한, 한국 정부는 IDB와 협력하여 ICT 분야의 한국 청년 인력을 중남미 현지 기업에 파견하는 청년기술인재단(Tech Corps) 사업을 운영하고 있으며, 이를 통해 칠레, 페루, 파나마 등에서 총 7명의 청년 인력이 활동 중이다. 이러한 협력은 한국과 중남미 국가 간의 기술 교류 및 청년 인력의 국제적 역량 강화를 목표로 하고 있으며, 앞으로도 다양한 분야에서의 협력이 기대된다.

1. 채용 분야

· 직원(Staff) : 최대 3년 계약으로 채용되며, 계약 기간 동안의 성과 및 조직 내 인력 수요에 따라 계약을 갱신한다.

· 컨설턴트(Consultant) : 최대 36개월 동안 IDB에서 수행하는 명확히 정의된 프로젝트나 서비스에 참여할 수 있다.

· 상품·외부 서비스 컨설턴트(Product and External Services(PEC) Consultant) : IDB의 특정 및 전문화된 상품 또는 서비스 프로젝트

에 참여한다. 이 컨설턴트는 일반적으로 IDB 본부 외부에서 근무하며, 일시불 또는 분할 보수를 받는다. PEC 컨설턴트는 가장 유연한 계약 형태로, 업무 산출물에 따라 평가 및 보상이 이루어진다.

· 인턴십 프로그램(Internship Program) : IDB, IDB Invest, 및 IDB Lab에서 유급 인턴십을 제공하며, 워싱턴 D.C. 본부뿐만 아니라 중남미, 카리브해, 아시아, 유럽, 그리고 아르헨티나에 위치한 라틴아메리카·카리브해 통합연구소(INTAL)에서도 인턴십 기회를 제공한다. 인턴십 기간 동안 IDB팀과 함께 하이브리드 근무 방식(대면 근무와 원격 근무의 혼합)으로 업무를 수행하게 된다.

인턴십 프로그램 자격 요건

- 근무 시간 : 근무 위치에 따라 풀타임(주당 40시간) 또는 파트타임(주당 최대 32시간)으로 근무할 수 있어야 한다.
- 학위 요건 : 학부생(최소 3학년 이상) 또는 대학원생(과정의 최소 50%를 이수한 학생)이어야 한다.
- 친인척 관계 및 첫 직장 조건 : 이 직책은 IDB, IDB Invest 또는 IDB Lab에서의 첫 직장이고, 해당 조직에 근무 중인 친인척이 없어야 한다.

2. 보수와 후생 복지(Staff 기준)

· 경쟁력 있는 보상 패키지 : 업계 표준에 부합하는 보상 패키지를 제공

· 연가 및 휴가 : 월 2일의 연차와 더불어 성 중립적인 육아 휴가 제공

· 건강 보험 : 건강 보험료 납부를 위한 월별 수당을 지원

· 저축 계획 : 계약 기간에 따라 월별 저축 계획 수당 제공

· 이주 및 비자 지원 : 해외 근무를 위한 이주 및 비자 신청 과정에서 지원 제공

· 하이브리드 및 유연 근무 : 사무실 근무와 원격 근무를 병행할 수 있는 유연한 근무 일정 제공
· 자기계발 지원 : 세미나, 1:1 전문 상담 등 학습 기회를 통해 직원의 전문성 향상을 지원
· 건강 및 복지 : 모든 직원에게 예방 진료와 건강 교육을 제공하는 보건 서비스 센터 이용 가능
· 기타 혜택 : 수유실, 탁아소, 체육관, 자전거 거치대, 주차장 등 다양한 복지 시설 제공

IDB 연봉 체계

TABLE VII Salary Structure–International Staff(as of December 31, 2023) (in U.S. dollars)

Grades	Representative job titles	Salary Range Minimum	Salary Range Maximum	Staff at Grade Level (%)	Average Salary	Average Benefits Budgeted[a]
P	President[b]		481,517	0.1%	481,517	192,607
E1	Executive Vice President	343,800	448,000	0.1%	425,000	170,000
E2	Vice President	316,500	427,000	0.2%	387,837	155,135
E3	Manager/Other executive roles	289,500	420,000	0.4%	358,014	143,206
E4	Manager/Other executive roles	249,600	375,000	0.4%	331,186	132,474
E5	Manager/Other executive roles	221,900	333,200	1.1%	260,811	104,324
R	Country Representative	200,100	308,900	1.3%	232,237	92,895
1	Division Chief-Principal Technical Leader/Principal Advisor	200,100	308,900	3.8%	244,249	97,700
2	Unit Chief-Principal Specialist/ Senior Advisor	177,100	273,800	8.7%	208,587	83,435
3	Lead Specialist/Advisor	150,100	240,000	17.2%	172,911	69,164
4	Senior Specialist	132,100	211,200	24.9%	147,521	59,009
5	Specialist	120,300	180,500	18.3%	128,077	51,231
6	Senior Associate	107,100	160,200	9.7%	113,026	45,210
7	Associate	95,100	142,500	5.5%	102,858	41,143
8	Senior Analyst-Senior Administrative Coordinator	83,400	124,900	4.7%	93,094	37,237
9	Analyst-Administrative Coordinator	73,700	110,400	2.8%	83,461	33,384
10	Senior Assistant	59,500	94,900	0.6%	63,882	25,553
11	Assistant	52,000	82,800	0.4%	56,358	22,543

[a] Represents average budgeted amount per grade: including medical, life and disability insurance, accrued termination bene

[b] The President's salary does not include an executive allowance of $86,176.

IDB 인사담당자로부터 알아보기

What is the most important principle of your institution in recruiting staff with different national backgrounds?

Our institution's most important principle in recruiting staff from diverse national backgrounds is our commitment to meritocracy. We believe that every candidate should be evaluated based on their skills, experiences, knowledge of the sectors, and qualifications, ensuring that the most capable individuals are selected for each role. Understanding the Latin American and Caribbean regions is an added bonus for us, given the global scope of our work and our desire to connect effectively with these communities. As such, we seek candidates who possess a deep understanding of these regions and can contribute valuable perspectives to our team. Equally important is our dedication to Diversity, Equity, and Inclusion (DEI). We actively strive to reach out to underrepresented groups, including women, members of the LGBTQ+ community, and individuals with diverse abilities. This commitment not only enriches our workplace but also enhances our ability to serve a broad and diverse clientele effectively. By integrating merit-based evaluation with a strong focus on regional understanding and DEI, we ensure a dynamic and inclusive environment that values diverse perspectives and fosters excellence. Candidates also need to be fluent in English, as well as one other IDB Group language: French, Spanish and/or Portuguese.

Describe some of the key measures your institution is currently taking to observe such principle or strategy mentioned above.

To effectively observe and implement our meritocratic, regionally informed, and DEI-focused recruitment strategy, we are undertaking several key measures :

- **Structured Evaluation Processes** : We have developed a rigorous, standardized evaluation process to ensure that all candidates are assessed based on their qualifications, skills, and relevant experiences. This includes structured interviews and unbiased evaluation criteria to maintain fairness and objectivity.
- **Diverse Short Lists** : We interview a wide range of candidates from our shortlist in order to ensure that we give as many qualified candidates an opportunity to showcase their skills and fit for a position.
- **DEI Outreach Initiatives** : Our recruitment efforts are designed to reach out to underrepresented groups proactively. This includes partnering with organizations and networks that support women, LGBTQ+ individuals, and people with diverse abilities. We also participate in job fairs and community events focused on these groups to broaden our reach.
- **Inclusive Job Descriptions** : We ensure that our job descriptions are inclusive and free from biased language. By highlighting our commitment to DEI and specifying that we encourage applications from all qualified individuals, we aim to attract a

diverse pool of candidates.

- **Bias Training for Recruiters** : Our hiring managers and recruiters undergo regular training on unconscious bias and inclusive recruitment practices. This helps them recognize and address potential biases, ensuring that all candidates are evaluated fairly and equitably.
- **Diverse Hiring Panels** : We utilize diverse hiring panels to bring varied perspectives to the recruitment process. This approach helps in making balanced decisions and supports our DEI goals by involving individuals from different backgrounds in the hiring process.
- **Ongoing Monitoring and Feedback** : We continuously monitor our recruitment practices and collect feedback from candidates and staff to assess the effectiveness of our strategies. This allows us to make data-driven adjustments and improvements to our recruitment processes.

What are your institution's main criteria of reviewing resumes and interviewing applicants? + Expected Interview Questions List

Candidates for full-time positions at the IDB require a minimum of an advanced degree(such as a Masters, JD, PhD, etc), and fluency in English. Fluency in another Bank language is preferred (French, Spanish and/or Portuguese)

Expected Q :

We would ask someone the three biggest challenges that talent will face in 2025.

Candidates should know what the IDB does, be prepared to answer why they want to work at the IDB and for the Department of interest, and discuss their relevant experience.

There are core competencies we look for, and questions will typically revolve around these :

Innovation and Risk Taking

Communication

Client Focus

Managing Teams

Leading Change

Collaborating with Others/Teams

Promoting DEIAB(Diversity, Equity, Inclusion, Accessibility, and Belonging)

Does your institution have any recruitment program you would like to recommend for the applicants in their twenties without much work experience

We would like to recommend out internship programs. We host interns both in the Winter(starting January 16) as well as in the Summer(starting May 16). Many of our interns have been hired back as Consultants or Staff. For those with 2 years of professional experience, we also recommend applying for Consulting opportunities. These opportunities can last for up to three years, and many consultants have continued on to be hired as full-time staff at the IDB, the World Bank, and other IFIs.

04 아프리카개발은행(AfDB)

AfDB 알아보기

1. 연혁 및 현행 조직

아프리카개발은행(AfDB: African Development Bank)는 1964년에 아프리카 지역의 지속 가능한 경제 성장을 촉진하고 빈곤을 해소하기 위해 설립된 기구로, 올해로 60주년을 맞이했다. 1963년 수단 하르툼에서 열린 아프리카 경제위원회 회의에서 아프리카의 경제 발전을 위한 독립적인 금융기관 설립의 필요성이 강조되었고, 아프리카 자체 자본을 운용할 수 있는 AfDB의 설립이 논의되었다. 1964년 8월 4일, 아프리카 23개국이 설립 협정에 서명했고, 이 협정은 9월 10일에 발효되었으며, 1965년 코트디부아르 아비장에 본부를 두고 AfDB가 공식 출범했다.

설립 초기에는 아프리카 국가들만이 회원국으로 참여해 아프리카 자원을 활용한 역내 개발 프로젝트를 지원했다. 그러나 1982년부터 아프리카 외 국가에도 회원국 자격을 부여하게 되면서, 미국과 유럽 등의 국가들이 회원으로 가입했다. 이를 통해 더 많은 자본을 확보하고 국제 협력을 증진시킴으로써 AfDB는 국제금융기구로서의 위상과 역할을 확장하게 되었다. 대한민국도 1982년에 AfDB의 회원국으로 가입했다.

AfDB는 설립 이후 여러 차례의 조직 개편과 자본 확충을 통해 그 역할과 영향력을 넓혀왔다. 현재 AfDB의 회원국은 총 81개국으로, 아프리카 54개국과 역외 27개국으로 구성되어 있다.[1] 본부는 코트디부아르 아비장에 위치하며, 40여 개의 지역 사무소를 운영 중이다. 그중 아시아 사무소는 일본 도쿄에 있다.

아프리카개발은행그룹(African Development Bank Group)은 아프리카개발은행 외에도 아프리카개발기금(AfDF: African Development Fund)과 나이지리아신탁기금(NTF: Nigeria Trust Fund)으로 구성된다.

아프리카개발기금은 1972년에 설립되어 저소득 아프리카 국가들을 대상으로 운영되고 있다. 이 기금은 낮은 금리 또는 무이자 대출을 제공해 저소득 국가들의 경제적·사회적 발전을 지원한다. AfDB와 비교했을 때, AfDF는 보다 우호적인 조건의 재정 지원을 제공하며, 아프리카 내 개발 격차를 줄이는 데 중요한 역할을 하고 있다.

나이지리아신탁기금은 1976년 나이지리아 정부의 출자를 바탕으로

---

1 (역내국 : 54개국) Algeria, Angola, Benin, Botswana, Burkina Faso, Burundi, Cabo Verde, Cameroon, Central African Republic, Chad, Comoros, Republic of the Congo, Djibouti, Egypt, Equatorial Guinea, Eritrea, Eswatini, Ethiopia, Gabon, Gambia, Ghana, Guinea, Guinea-Bissau, Kenya, Lesotho, Liberia, Libya, Madagascar, Malawi, Mali, Mauritania, Mauritius, Morocco, Mozambique, Namibia, Niger, Nigeria, Rwanda, São Tomé and Príncipe, Senegal, Seychelles, Sierra Leone, Somalia, South Africa, South Sudan, Sudan, Tanzania, Togo, Tunisia, Uganda, Zambia, Zimbabwe
(역외국 : 27개국) Argentia, Austria, Belgium, Brazil, Canada, China, Denmark, Finland, France, Germany, India, Ireland, Italy, Japan, Korea, Kuwait, Luxembourg, Netherlands, Norway, Portugal, Saudi Arabia, Spain, Sweden, Switzerland, Türkiye, U.K., U.S.A.

설립된 기금으로, AfDB 내 신탁기금 중 가장 처음 설립되었다. 이는 나이지리아의 대륙 개발 의지를 반영한 것이며, 현재도 주로 나이지리아로부터 자금을 조달하고 있다.

아프리카개발은행그룹 구조

African Development Bank	African Development Fund	Nigeria Trust Fund (NTF)
Established in 1964	Concessional financing, established in 1972	Established in 1976 by Nigeria
81 MemberCountries	Financed by 29 state particpants (including Angola) and 4 regional donors (Botswana, Egypt, Morocco and South Africa)	Intended for the Bank's needier countries
Authorized capital. USD 318 billion	Subscription: USD 47 billion	Maturing in 2028
Resources raised from capital markets	Focus on low-income countries	Total resources: USD 242 million
0% risk-weighting under Basel II	Replenished every 3 years	
Level 1 under Basel III		

출처 : AfDB 60주년 보고서, 2024년 9월

AfDB는 아프리카 국가들을 대상으로 지원하며, 이들을 Regional Member Countries(지역 회원국)이라고 부른다. 지원 대상국은 국가 신용도와 1인당 GNP라는 두 가지 기준에 따라 세 그룹으로 나뉘며, 이에 따라 재원 창구도 구분된다. 첫 번째 그룹은 AfDF를 통한 지원만 가능하며, 두 번째 그룹에 속한 국가들은 AfDF와 AfDB의 지원을 모두 받을 수 있다. 세 번째 그룹은 AfDB를 통한 지원만 가능하다.

AfDB는 아프리카 내에서 유일하게 AAA 등급을 받은 금융기관이다. 2023년 12월 말 기준으로, Authorized 자본금은 1,806억 UA이고, Subscribed 자본금은 1,481억 UA이다. 이 자본금은 납입자본금 99억 UA와 요구불자본 1,382억 UA로 구성된다.

2. 조직 구조 및 각 부서별 담당 업무 설명

아프리카개발은행그룹 구조

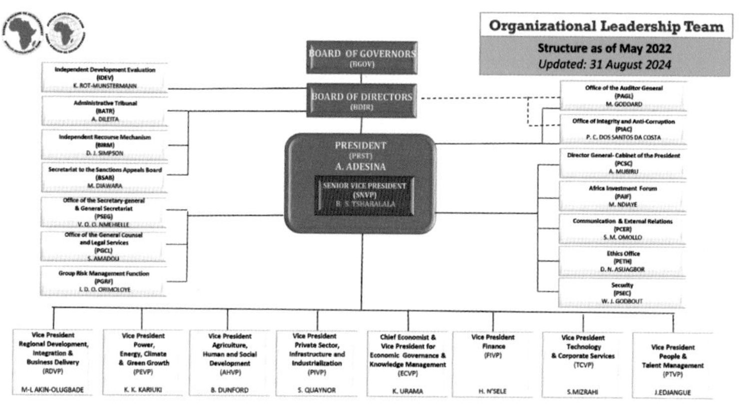

출처: https://www.afdb.org/en/about-us/organisational-structure

AfDB는 거버너(Board of Governors), 이사회(Board of Directors), 그리고 총재(President)로 구성되어 있다. 거버너는 최고 의사결정 기구로, 각 회원국을 대표하는 거버너(Governor) 1명과 대리 거버너(Alternate Governor) 1명으로 구성되며, 회원국별 자본 출자액(capital subscription)에 비례해 투표권(voting power)을 행사한다. 거버너와 대리 거버너는 각 회원국에서 임명하며, 일반적으로 재무부 장관, 경제기획부 장관, 또는 중앙은행 총재 등 고위직(high-ranking officials) 인사들로 구성된다. 거버너들은 매년 열리는 연차 총회(Annual Meeting)에서 은행의 주요 정책을 결정하고, 전략적 방향을 설정하며, AfDB의 운영 상황을 검토한다.

AfDB의 모든 권한은 거버너에게 있지만, 일부 권한은 이사회에 위임되어 있다. 이사회는 기구의 전반적인 운영을 담당하며, 13명의 이사는 역내 회원국을, 7명의 이사는 역외 회원국을 대표하여 총 20명으로 구성된다. AfDB의 총재는 거버너들에 의해 선출되며, 최고 책임자(Chief Executive)로서 기구의 운영과 경영을 총괄한다. 또한, AfDB 총재는 AfDF 총재이자 이사회 의장 역할도 겸하며, 조직의 구조와 기능을 결정하는 역할을 한다.

3. 주요 부서 소개

- **재무 부서(Finance Department)** : 은행의 자금 관리, 대출 제공, 자산 운용 및 투자 활동을 담당한다. 이 부서는 은행의 재정적 건전성을 유지하며, 자금을 효율적으로 운영해 프로젝트에 필요한 자금을 적시에 지원하는 역할을 한다.
- **전략 및 정책 부서(Strategy and Policy Department)** : 아프리카 개발 목표에 부합하는 장기 전략과 정책을 수립하고, 이를 실행할 프로젝트를 기획한다. 각종 연구와 보고서를 통해 은행의 정책 방향을 설정하는 데 중요한 역할을 한다.
- **법률 부서(Legal Department)** : 은행의 모든 법적 문제를 처리하며, 계약, 협약, 규정 준수 등의 업무를 담당한다. 법률 부서는 프로젝트 실행 시 발생할 수 있는 법적 문제를 검토하고 해결한다.
- **인사 부서(Human Resources Department)** : 인사 관리, 채용, 직원 교육 및 복지 등을 담당하며, 은행 내 인재 확보와 유지에 핵심적인 역할을 한다.
- **위험 관리 부서(Risk Management Department)** : 대출, 투자 및 운영 과정에서 발생할 수 있는 금융적, 운영적 위험을 평가하고 관리한다. 다양한 프로젝트에서 발생할 수 있는 리스크를 최소화하고 은행의 안정적인 운영을 지원한다.

- **개발 효과성 부서(Development Effectiveness Department)** : 아프리카 지역에서 실행된 개발 프로젝트가 실제로 어떤 효과를 가져오는지 평가하고, 그 효과를 극대화하기 위한 방안을 연구한다. 각 프로젝트의 결과를 분석하고 피드백을 제공해 더 나은 결과를 도출할 수 있도록 돕는다.
- **자원 동원 및 파트너십 부서(Resource Mobilization and Partnerships Department)** : 아프리카 외 국가 및 기관으로부터 자금을 모금하고, 다양한 국제기구 및 민간 부문과의 파트너십을 관리한다. 이를 통해 은행은 더 많은 자원을 확보해 아프리카 개발 프로젝트에 투입할 수 있다.
- **기술 지원 부서(Technical Assistance Department)** : 아프리카 각국에 필요한 기술 지원을 제공하며, 인프라 개발, 에너지, 농업 등 다양한 분야에서의 프로젝트 기획 및 실행을 돕는다.
- **정보 기술 부서(Information Technology Department)** : 은행의 IT 인프라를 관리하고, 각종 정보 시스템을 운영한다. 또한, 디지털 혁신을 통해 은행의 효율성을 높이는 역할을 한다.
- **기후 변화 대응 부서(Climate Change and Green Growth Department)** : 기후 변화 문제를 해결하고 지속 가능한 발전을 촉진하기 위한 정책과 프로젝트를 기획하며, 녹색 경제로의 전환을 지원한다.
- **홍보 및 대외 관계 부서(Communications and External Relations Department)** : 은행의 홍보, 대외 협력 및 국제적 관계를 담당하며, 은행의 활동을 전 세계에 알리는 역할을 한다. 이를 통해 아프리카 개발은행의 위상과 이미지를 강화한다.

1. 직원 모집 방식(정보 취득 경로, 진출 경로) 등 채용 정책

채용 정보는 AfDB 채용 홈페이지(https://afdb.jobs2web.com/)에 게시되며, 지원 등록 시 새로운 공고에 대한 알림을 받을 수 있다. 채용 절차 흐름도는 아래의 그림과 같다.

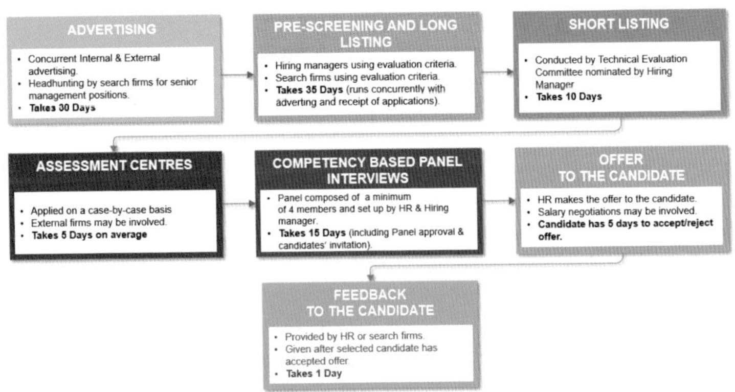

2. 직원모집 분야

Staff Position	Other Opportunities
❶ Internationally Recruited Staff	❶ Secondment / Technical Assistance
❷ Locally Recruited Staff	❷ Consultants
❸ Young Professionals Program	❸ Short-term staff
	❹ Internship

- **사업 분야(Sector Functions)** : Agriculture, Energy, Youth Employment, Civil Society Engagement, Private Sector Development and Investment, Regional Integration
- **경제 및 재무·회계 등(Corporate Services, Finance, Chief Econo-**

mist Office) : HR, IT, Board Affairs, Legal, Treasury, Financial Control, Syndication and Resources Mobilization, Economic Research and Statistics, Training Recourse Mechanism

- **지역·국가 사무소(Regional Operations & Country Offices)** : Program Officers, Economists, Procurement and Fiduciary Services, Disbursement, Legal Services
- **기획·운영 및 전략, 리스크 관리 등(Operation Impact & Risk Control)** : Strategy & Operational, Policies, Ethics, Risk Management, Evaluation, Compliance, Security, Audit Risk Control

3. 보수(등급별 보수표), 직급 체계, 처우, 후생 복지 등

단위 : UA(Unit of Account, AfDB 회계 단위)

직급		최소 근무 연수	최소치	중간치	최대치
EL2	Vice Presidents	15	211,214	250,289	289,364
EL3	Vice Presidents	15	189,513	224,573	259,633
EL4	Directors	10	167,586	198,590	229,593
EL5	Directors	10	151,622	179,672	207,722
PL1	Managers	9	123,264	146,068	168,872
PL2	Managers	8	115,082	136,372	157,662
PL3	Chief Officer	7	91,758	114,697	137,637
PL4	Principal Officer	6	83,714	104,642	125,570
PL5	Senior Officer	5	73,356	91,695	110,034
PL6	Officer	4	63,848	79,810	95,772
PL7	Officer	3	54,724	68,406	82,087
PL8	Officer	3	47,894	59,868	71,841

출처: https://www.afdb.org/en/about-careers/afdb-grade-and-salary-data, 2023년 1월 기준

AfDB의 급여 체계는 위와 같으며, 개인의 역량과 성과에 따라 성과금과 인센티브 등의 보상이 이루어진다. 복리 후생 프로그램은 직원의 복지와 근무 환경 개선을 목표로 하며, 건강 보험 및 정신 건강을 위한 상

담 서비스 등을 포함한다.

휴가는 근무 연수에 따라 차등 제공되며, 5년 이하일 경우 연간 26일, 5~10년 근무 시 연간 28일, 10년 이상은 연간 30일이 부여된다. 또한, 2년에 한 번 본국 방문(Home leave)을 할 수 있도록 항공권과 소정의 여행 경비를 지원하며, 필요에 따라 병가 및 육아 휴가를 사용할 수 있다. AfDB는 유연 근무제를 통해 연간 최대 60일의 재택근무를 허용하며, 교육 및 자기개발 프로그램으로 해외 유수의 대학 및 연구기관과의 파트너십을 통한 학위 및 비학위 과정을 지원한다. 구체적인 내용은 공식 웹사이트(https://www.afdb.org/en/about-us/careers/working-with-us)에서 확인할 수 있다. HR 담당자에 따르면, 급여 외 복리후생(Internationally competitive salary & benefits package)은 다음과 같다.

- **All staff** : 가족 수당, 의료 보험, 퇴직연금, 자녀 교육 지원, 휴가, 금융 지원, 생명 및 상해 보험, 피트니스, 가족 사유로 인한 비활동 상태 등
- **Internationally recruited staff** : 본국 방문 휴가, 이주 지원(항공권, 이사 비용, 정착 수당)
- **Transition states staff** : 비가족 근무지 수당, Transition States 수당, 주택 지원, 경비원, 어려운 근무 환경 수당, 휴식 및 회복 휴가, 가족 휴가

4. 한국인 채용 현황

2023년 12월 기준, 총 3명의 한국인이 AfDB에서 근무 중이며, 본부에 1명, 케냐 지역사무소와 아시아 사무소에 각각 1명씩 근무하고 있다.

AfDB의 총 직원 수는 2,084명으로, 이 중 전문직(Professional)은 1,532명, 행정직(General Services Staff)은 552명으로 구성되어 있다.

AfDB 인사담당자로부터 알아보기

What is the most important principle of the Bank in recruiting staff with different national backgrounds?

One of our greatest assets is our diversity and we are bound by shared values, committed to our mission and proud to be a leading development finance institution on the continent.

The African Development Bank, in its recruitment and selection process, aims to attract and retain staff members who are technically competent and that meet the highest standards of efficiency and integrity, with due regard to diversity and to the equitable geographical and linguistic distribution of posts.

Please describe some of the key measures the Bank is currently taking to observe such principle or strategy mentioned above.

Management is committed to ensuring fair representation of all member countries on the African Development Bank's staffing. The African Development Bank believes that the diversity of its staff composition provides a unique and sustainable basis for making the institution strong and flexible, and for providing all nationals of its member states an opportunity to contribute effectively to its success. To achieve this objective, a systematic and structured approach to diversity is necessary. The specific objectives of the diversity initiative are :

- To attract high-caliber candidates from under-represented member countries.
- To attract and increase the number of women employees in the Bank.
- To tap the various talents and competencies in the human resource pool of its member countries for the purpose of achieving the Bank's mission of alleviation of poverty on the African continent.

The measures in place include the following :

- Shortlists must have gender balance
- Panel composition : Gender and geographical diversity are considered when constituting an interview panel.
- Remote working
- Improvement of parental leaves
- Use multiple and targeted sourcing channels : Strategic use of executive search firms, LinkedIn, career fairs, targeted and tailored posting of vacancies.
- Eligibility of spouses for employment : A spouse of a staff member may be employed subject to specific conditions & clearance by the Ethics Office.
- Re-employment of ex-employees : Ex-employees who left the Bank on "good" terms are eligible for re-employment. Such employees are well aware of the Bank's culture, policies, and processes and are therefore a better fit.

- When candidates are equally qualified : Gender, geographic, or linguistic diversity shall be considered as a criterion whenever candidates are equally qualified.

What are the Bank's main criteria for reviewing resumes and interviewing applicants?

The African Development Bank uses a competency-based model for reviewing applications and interview questions. The criteria vary depending on the nature of the role and the level. Both behavioral and technical competencies are considered. Hiring managers with support from Human Resources are responsible for defining the required competencies for each role, translating this into the two evaluation criteria.

Does the Bank have any recruitment program you would like to recommend for the applicants in their twenties without much work experience?

Internship, Junior Consultancy, and the Young Professionals Program(YPP).

	Program	Eligibility Requirements
❶	Young Professionals Program	• Be a citizen of a member country of the Bank. • Be 32 years of age or younger by 31 December of the year of application. • Possess a Master's degree or equivalent in any discipline that is relevant to the business of the Bank, with outstanding academic credentials. • Have at least 3 years work experience in the areas related to the high priority areas(Hi-5s) as mentioned above.

	Program	Eligibility Requirements
		• Interested candidates with coding, e-development, animation and platform design and maintenance are required this year. • Demonstrable hands-on experience on the African continent and/or in other continent's developing countries is a necessary requirement. • Have passion for Africa's Development
❷	Internship Program	• Aged 30 and below by 31 December of the year of application. • Holds a bachelor's degree and is enrolled in a master's degree program or its equivalent in a recognized public or private institution of higher learning; or is applying for the internship within one year of having obtained a master's degree. • Provide proof of enrollment in a university / professional institution/ school. • Is a citizen of a member country of the African Development Bank. • Ability to communicate effectively(written and oral) in English or French, with a working knowledge of the other language. • Female candidates are encouraged to apply.
❸	Individual Consultants	• A Master's degree or equivalent and at least five(5) years' experience in the area of expertise of the Assignment. • A Bachelor's degree and at least ten(10) years' experience in the area of expertise of the Assignment. • Or be in the category of Junior Consultant as defined below : - have solid analytical skills and qualitative competencies. - have good control of research techniques and may be engaged in social and economic development of African countries.

05 아시아개발은행(ADB)

ADB 알아보기

1. 연혁 및 현행 조직

아시아개발은행(ADB: Asian Development Bank)은 아시아·태평양 지역의 빈곤을 줄이고, 포용적이며 지속 가능한 성장을 촉진하기 위해 1966년에 설립된 기관이다. 본부는 필리핀 마닐라에 위치하고 있으며, 현재 아시아·태평양 지역 약 30여 개국에 지역사무소를 운영하고 있다. ADB는 역내 개발도상국의 사회 및 경제 발전을 돕기 위해 대출, 기술 지원, 보조금, 지분 투자 등을 제공하고 있으며, 설립 당시 31개 회원국에서 현재는 총 69개 회원국(아시아·태평양 지역 49개국, 역외 20개국)으로 확장되었다.

ADB가 수행하는 주요 기능은 다음과 같다.

- 개발 자본 유치를 통한 공공 및 민간 투자 촉진
- 역내 개발도상국의 균형 잡힌 경제 성장을 위한 자금 지원

- 융자 재원의 효율적 활용과 세계무역, 특히 역내 교역 확대를 위한 정책 및 계획 지원
- 개발 사업 계획 수립 및 실행을 위한 기술적 지원 제공
- 유엔과 그 산하기관, 역내 개발에 관심이 있는 기타 국제기구 및 민간 부문과의 협력

ADB의 조직은 총회, 이사회, 총재, 그리고 실무 부서로 구성되어 있다. 2024년 6월 기준으로 ADB는 총재, 6명의 부총재를 포함해 총 3,944명의 직원을 보유하고 있다.

ADB의 최고 의사결정 기관인 총회(Board of Governors)는 각 회원국에서 임명한 1명의 위원(Governor)과 1명의 대리 위원(Alternate Governor)으로 구성된다. 총회는 신규 회원국 가입 승인, 수권 자본금의 증액·감액, 회원국 자격 정지, 총재 및 이사 선출 등의 중요한 권한을 행사한다.

이사회(Board of Directors)는 12명의 이사로 구성되며, 이 중 8명은 아시아·태평양 지역에서, 나머지 4명은 역외에서 선출된다. 일본, 중국, 미국은 단독으로 각 1명의 이사를 선출하고, 나머지 회원국은 지리적·경제적 특성 및 투표권 비중에 따라 그룹을 형성해 이사를 선출한다. 이사회는 대출, 보증, 투자, 기술 지원과 관련된 결정 권한을 가지며, ADB의 차입 및 예산 승인에도 관여한다.

총재는 총회에서 전체 투표권의 과반수 찬성으로 선출되며, 임기는 5년이다. 총재는 연임이 가능하며, 반드시 역내 회원국 출신이어야 한다. 총재는 ADB를 대표하고, 조직의 업무를 지휘·감독하며, 직원의 임면권을 포함한 행정적 권한을 행사한다. 부총재는 총재의 추천을 받아 이사회에서 선출되며, 총재를 보좌하는 역할을 맡는다.

본부에는 30개의 실·국이 있으며, 각 실·국은 ADB의 주요 사업과 운영을 담당하고 있다.

2. ADB 조직도

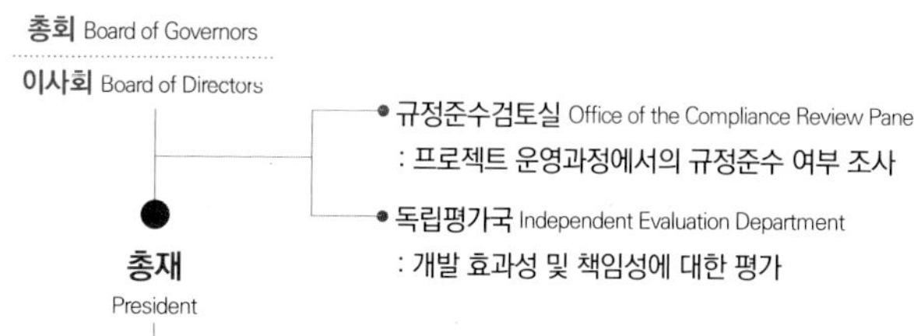

- 전략정책협력국 Strategy, Policy, and Partnerships Department : 전략수립, 정책조정, 국제개발공동체와 협력
- 자문실 Office of the General Counsel : 법률 자문 제공
- 부패방지실 Office of Anticorruption and Integrity : 부패·사기 방지
- 감사실 Office of The Auditor General : 재정·행정 감사
- 경제연구 및 개발영향국 Economic Research and Development Impact Department
- 소통지식관리국 Department of communications and Knowledge management
- 옴부즈만실 Office of the Ombudsperson : 내부 고충 해결, 업무 환경 개선
- 직업윤리행동실 Office of Professional Ethics and Conduct
- 특별사업추진실 Office of the Special Project Facilitator : 프로젝트에 따른 문제 발생 대응
- 변혁추진실 Transformation Office

부총재 Vice-President, South Asia, Central and West Asia

- 남아시아국 South Asia Dept. : 방글라데시, 부탄, 인도, 몰디브, 네팔, 스리랑카
- 중서아시아국 Central and West Asia Dept. : 아프가니스탄, 아르메니아, 아제르바이잔, 카자흐스탄 등

부총재 Vice-President, East Asia and Southeast Asia and the Pacific

- 동아시아국 East Asia Department : 중국, 홍콩, 한국, 몽골, 대만
- 동남아시아국 Southeast Asia Dept. : 브루나이, 캄보디아, 인도네시아, 라오스, 말레이시아 등
- 태평양국 Pacific Dept. : 쿡 아일랜드, 피지, 마샬 제도, 팔라우, 파푸아뉴기니, 솔로몬 제도 등

부총재 Vice-President, Market Solution

- 시장개발 및 공공-민간 협력실 Office of Markets Development and Public-Private Partnership
- 민간부문사업국 Private Sector Operations Department : 민간부문 투융자

부총재 Vice-President, Sectors and Themes

- 기후변화지속가능개발국 Climate Change and Sustainable Development : 기후 변화·회복력·환경클러스터/ 전환 참여/ 젠더/ 지역통합·무역/ 협력펀드/ 디지털기술
- 섹터그룹 Sectors Group : 에너지/ 인적·사회적 개발/ 농업·식량·자연·농촌 개발/ 수자원·도시 개발/ 공공관리·거버넌스/ 교통/ 금융

부총재 Vice-President, Finance and Risk Management

- 회계국 Controller's Dept. : 회계정책 및 시스템, 재무보고서 작성, 융자·기술지원·보증 승인
- 리스크관리실 Office of Risk Management : 정책·시스템·운영리스크관리, 신용리스크 평가
- 재무국 Treasury Department : 자금집행, ADB 내부 재정관리

부총재 Vice-President, Administration and Corporate Management

- 예산·인사·경영시스템국 Budget, People And Management Systems Dept. : 예산, 인적자원관리
- 행정지원실 Corporate Services Department : 행정서비스, 복리후생
- 정보기술국 Information Technology Dept. : IT 통신서비스 관리
- 비서실 Office of the Secretary : 총회 및 이사회에 자문
- 조달포트폴리오재정관리국 Procurement, Portfolio and Financial Management Dept.
- 안전조치실 Safeguards Office

3. 주요 부서별 담당 업무

① 전략정책협력국

ADB의 전반적인 전략 방향을 설정하고, 정책을 개발하며 이를 실행하는 중추적인 역할을 맡고 있다. 주요 업무는 다음과 같다.

- ADB의 중장기 전략 수립 및 실행
- 정책 개발 및 평가
- 개발 효과성과 성과의 평가

② 지역별 운영국

각 국가와의 협력 프로젝트 및 프로그램을 기획하고 실행하는 역할을 담당하며, 남아시아, 중서아시아, 동아시아, 동남아시아, 태평양 지역 등 다섯 개 지역별로 운영된다. 주요 업무는 다음과 같다.

- 프로젝트 기획 및 실행 지원
- 대출, 보조금, 기술 지원 제공
- 수혜국과의 협력 및 정책 대화 추진
- 지속 가능한 개발 목표(SDGs)와 연계된 프로젝트 설계 및 관리

③ 시장개발 및 공공-민간 협력실

개도국이 더 많은 민간 투자를 유치하고, 민간 주도 성장을 촉진할 수 있도록 지원하는 역할을 담당한다. 공공-민간 협력(PPP)을 통한 인프라 프로젝트의 준비 및 지원, PPP 관련 법·제도적 틀 마련, 관련 교육 및 훈련을 제공해 역량 강화를 돕는 등의 업무를 수행한다.

④ 기후 변화 지속가능개발국

지속 가능한 개발과 기후 변화 대응을 위한 정책 수립과 관련 프로젝

트 지원을 맡고 있다. 주요 업무는 다음과 같다.

- 지속 가능한 개발 프로젝트 설계 및 관리
- 기후 변화 대응 전략 개발
- 환경 및 사회적 영향 평가

⑤ 재무국 및 인사·행정국

재무국은 ADB의 자금 관리, 환율 및 금리 리스크 관리, 국제 채권 시장에서 자금 조달 등을 담당한다. 인사·행정국은 인사 관리, 채용, 직원 교육 및 개발, 성과 관리, 행정 서비스, 복리후생 관리 등 인사 및 행정 관련 업무를 맡고 있다.

ADB에서 근무하기

1. 직원 모집 방식(정보 취득 경로, 진출 경로) 등 채용 정책

ADB는 회원국 국민 중 아시아 및 태평양 지역의 발전, 협력, 통합에 기여할 인재를 채용하고자 한다. 학문적 배경이 요구되며, MBA나 석·박사 학위 소지자는 채용 과정에서 우대받을 수 있다. 특히 개발도상국을 대상으로 한 프로젝트 경험과 전문성을 보유한 지원자는 더 큰 가산점을 받을 수 있다. ADB는 다양한 국적과 문화를 가진 직원들과 협력하고 소통할 수 있는 능력을 중요시하며, 이를 뒷받침할 수 있는 영어 능력도 필수적이다.

ADB는 인종, 성별, 연령, 국적에 상관없이 다양한 배경을 가진 인재를 선발하며, 다양성을 존중하고 포용적인 직장 문화를 지향한다. 또한 직원들의 경력 개발을 지원하기 위해 다양한 교육 및 훈련 기회를 제공하며, 채용 과정에서는 공정성과 투명성을 최우선으로 삼고 있다.

채용이 필요한 직급과 지원 기간, 그리고 지원 자격 요건이 명시된 채용 공고는 ADB 홈페이지(ADB.org)에 상시 게재되므로, 본인에게 적합한 공고가 올라왔는지 주기적으로 확인하는 것이 좋다. 채용 절차는 최소 몇 개월에서 1년까지 소요되는 경우도 있어, 지원자들은 긴 시간을 염두에 두고 준비해야 한다. 또한, 채용 담당자의 이메일 주소가 공고에 포함되어 있어, 궁금한 점이 있을 경우 직접 문의할 수 있다.

ADB는 기본적으로 특정 분야에 대한 전문성과 경력을 보유한 인재를 선호하며, 특히 섹터 전문가의 경우 개발도상국의 주요 프로젝트를 직접 담당하고 경험했던 지원자를 우대하는 경향이 있다.

2. 직원 모집 분야

ADB는 다양한 분야에서 개발 관련 업무를 담당할 전문가를 선발하고 있다. 주요 모집 분야는 섹터 전문가(에너지, 교통, 농업, 의료, 보건, 재정, 금융 등), 경제학자, 공학 기술자, 법률가, 회계사, 경영 관리자, 편집자, 통계학자, 농업 전문가 등이다. 이러한 전문가들은 크게 경제 및 정책 분석, 금융 및 투자, 프로젝트 관리, 인프라 및 공공 서비스, 환경 및 사회, 행정 및 인사 관리, 정보 기술, 법률, 커뮤니케이션 및 홍보, 재무 및 회계 등의 다양한 부문에서 활동하게 된다.

3. 보수, 직급 체계, 처우 및 후생 복지

ADB의 보수 체계는 직무, 직급, 근무 지역, 경력에 따라 다르게 설정된다. 여기에 더해 해외 근무를 위한 해외 수당 및 가족 수당 등이 포함된다.

ADB International Staff

Effective 1 January 2024 ($ per year)

Level	Representative job titles	Minimum	Midpoint	Maximum
IS1	Young/Junior Professionals	89,200	98,100	107,000
IS2	Young/Junior Professionals	98,400	113,200	127,900
IS3	Specialist, Unit Head or Equivalent	112,000	131,600	151,200
IS4	Specialist, Unit Head or Equivalent	134,000	157,500	180,900
IS5	Senior Specialist, Section Head or Equivalent	150,200	180,200	210,300
IS6	Principal Specialist, Section Head or Equivalent	179,300	215,200	251,000
IS7	Director or Equivalent	204,900	245,900	286,900
IS8	Director or Equivalent	242,400	290,900	339,400
IS9	Deputy Director General or Equivalent	273,300	327,900	392,600
IS10	Director General or Equivalent	313,800	376,600	439,300

ADB는 보수 외에도 직원과 그 부양가족을 위한 포괄적인 복리후생 제도를 운영하고 있다. 여기에는 의료 보험, 생명 및 장애 보험, 휴가, 퇴직 혜택 등이 포함된다. 또한, 국제 직원의 경우 자격 기준을 충족할 시 근무지 외 이동에 필요한 비용, 주거비, 자녀 학자금 등에 대한 추가 지원도 받을 수 있다.

신규 임용 시에는 일반적으로 3년 계약직으로 고용되며, 성과 및 특정 분야의 필요성에 따라 계약 연장 또는 정규직 전환이 가능하다. 다만, 7~10급 국제 직원 등 일부 기간제 계약직의 경우 정규직 전환이 불가능하다.

4. 한국인 채용 현황

2024년 6월 기준, ADB의 전체 직원 수는 3,944명이며, 이 중 한국인 직원은 77명으로 전체의 약 1.95%를 차지하고 있다. 전문직 직원 기준으로는 총 1,395명 중 76명이 한국인이다. 우리나라 인재들이 ADB에 더 많이 진출할 수 있도록 적극적인 지원과 장려가 필요하다.

ADB 인사담당자로부터 알아보기

Q — What is the most important principle of your institution in recruiting staff with different national backgrounds?

A — Our institution's key principle in hiring staff from various national backgrounds is to promote diversity and inclusivity in the workplace. We are committed to treating everyone with respect, regardless of their hierarchical position, and to operating without prejudice or bias toward individuals or organizations with differing characteristics, backgrounds, and perspectives.

Q — Describe some of the key measures your institution is currently taking to observe such principle or strategy mentioned above.

A —

- **Vacancy Announcements** : We ensure that job vacancies are advertised both internally and externally, providing equal opportunities for all candidates. This includes posting vacancies on the HR section of the ADB Intranet and on external platforms.
- **Selection Criteria** : Our selection process is based on merit, focusing on the key skills, core competencies, and experience required for the position. We also consider the potential for future growth and relevant demonstrated achievements.
- **Respect and Inclusivity** : We emphasize the importance of interacting with others in the work environment in a professional,

positive, and inclusive manner.

What are your institution's main criteria for reviewing resumes and interviewing applicants?

- The key skills and experience required for the position.
- The critical outputs and behaviors that ensure success in the position.
- Relevant demonstrated achievements required for the position.
- Potential for future growth, demonstrated by a continuous learning mindset.

Does your institution have any recruitment program you would like to recommend for the applicants in their twenties without much work experience?

For applicants in their twenties without much work experience, we recommend the Young Professionals Program(YPP). This is an entry-level recruitment program for highly qualified and motivated professionals who are 33 years or younger at the time of joining ADB. The program offers a minimum work requirement of two years, with opportunities to rotate between departments and gain diverse experience.

What role or impact do Korean staff typically have within the organization? Tell us about one of the most

impressive examples of activities or contributions made by Korean staff at your institution.

Korean staff members hold pivotal roles within the Asian Development Bank(ADB), significantly contributing to the organization's multifaceted initiatives with their unique perspectives and specialized expertise. Their contributions span a wide range of sectors, including but not limited to infrastructure development, educational and health projects, and climate change related initiatives. The Bank also has many Korean colleagues supporting its corporate functions including but not limited to, legal, risk and HR teams. This diversity in skill sets, coupled with deep cultural insights, greatly enriches our institutional knowledge and operational effectiveness, ensuring that our projects are both innovative and sustainably impactful.

What is your institution's biggest expectation of Korea and Koreans?

The Asian Development Bank's foremost expectation of Korean staff is their unwavering dedication to promoting inclusive and sustainable development throughout the Asia-Pacific region. We anticipate that our Korean colleagues will continue to bring forward-thinking solutions, a collaborative spirit, and a steadfast commitment to addressing the multifaceted challenges faced by our member countries. Their ability to innovate and work cohesively within diverse teams is highly valued and is fundamental to the success of our mission.

Please offer some words of encouragement to the Koreans who aspire to work at your institution.

To the Koreans who aspire to join the ADB, the Bank extends its sincerest words of encouragement. Your unique skills, perspectives, and enthusiasm are highly sought after and greatly valued within our institution. Embrace the opportunity to make a significant and positive impact on the lives of millions in Asia and the Pacific by contributing to transformative projects and initiatives. Your efforts will not only further your professional development but will also drive meaningful change across the region. We eagerly anticipate welcoming you to our team and witnessing the remarkable contributions you will bring to our institution.

06 유럽부흥개발은행(EBRD)

EBRD 알아보기

유럽부흥개발은행(EBRD: European Bank for Reconstruction and Development)는 1990년 구소련 붕괴 이후 동유권 및 구소련 국가들의 시장경제 체제로의 전환을 지원하기 위해 1991년 4월에 설립된 국제금융기관이다. 본부는 영국 런던에 위치하고 있으며, 36개 투자 대상국[1]에 50여 개의 지역 사무소를 운영하고 있다. 2024년 8월 기준 자본금 규모[2]는 약 300억 유로이며, 우리나라를 포함한 전 세계 73개 회원국, 유럽연합(European Union), 유럽투자은행(European Investment Bank)이 출자하고 있다. EBRD에는 약 2,900명의 직원이 근무 중이며, 총 1,912억 유로에 달하는 6,964개의 프로젝트[3]를 관리하고 있다. 경영진은 총재 1명

1 2025~30년 중, 이라크와 6개 사하라 이남 아프리카 국가들은 투자대상국에 포함될 예정이다.

2 EBRD 주주들은 2023년 11월에 은행의 납입 자본을 40억 유로 증액하여 자본 기반을 340억 유로로 확대하는 결의안을 승인했다. 자본 증액은 2024년 12월 31일부터 발효될 예정이다.

3 2023년 12월 말 기준

과 영업, 정책 파트너십, 리스크, 재무, 트랜스포메이션, 뱅킹 부문을 담당하는 6명의 부총재로 구성되어 있으며, 총재직은 통상적으로 유럽인(영국, 프랑스, 독일)이 맡고 있다.

EBRD는 국제금융공사(IFC: International Finance Corporation)와 마찬가지로 프로젝트 파이낸싱에 특화된 기관으로, 1991년부터 지난 30여 년간 동유럽 경제 개혁에 필요한 합자사업과 인프라 정비사업에 장기적으로 자금을 지원하는 역할을 해왔다. 세계부흥개발은행(IBRD: International Bank for Reconstruction and Development)이나 아시아개발은행(ADB: Asia Development Bank)과 같은 양허성 자금을 지원하는 개발 금융기관과 달리, EBRD는 철저하게 상업적 기준에 따라 지원국을 돕는다. 이에 따라 EBRD는 투자, 융자 및 지급보증의 대상을 ① 민간기업, ② 시장경제 원리에 따라 운영되거나 민영화를 추진 중인 국영기업, ③ 정부 또는 공공기관(특히 사회간접자본 건설의 경우에 한함)으로 한정하고 있다.

ADB나 아프리카개발은행(AfDB: Africa Development Bank) 등 여타 지역개발 금융기구가 프로젝트 융자 외에도 융자 수혜국에 자금 운용 권한을 위임하는 정책 융자를 실시하는 것과 달리, EBRD는 주로 프로젝트 융자를 중심으로 지원하고 있다. 융자에 의한 지원이 어려운 경우에는 지분 인수나 채권 인수 등의 투자 방식으로 민간기업과 국영기업의 민영화를 지원하는 방식도 활용한다.

한편, 2014년 러시아의 우크라이나 병합 이후 발생한 금융 제재로 인해 러시아에 대한 신규 투자가 제한되자, EBRD는 투자 대상국을 적극적으로 확대하였다. 기존 동유럽 지역을 넘어 터키, 모로코, 이집트 등 남부 및 동부 지중해 지역과 사하라 이남 아프리카까지 포함한 총 36개국을 지원하고 있다.

EBRD는 각 지원 대상국의 독특한 정치적, 사회적, 경제적 상황을 반영한 국가별 지원 전략을 수립·시행하고 있다. 이 국가별 지원 전략은 각국의 특성과 시장경제 체제로의 전환 단계에 따라 차이가 있지만, 민영화 및 금융과 에너지 부문은 시장경제 전환에 필수적인 요소로서 모든 국가에서 공통적으로 중점 지원 부문에 포함된다.

2. EBRD 조직도

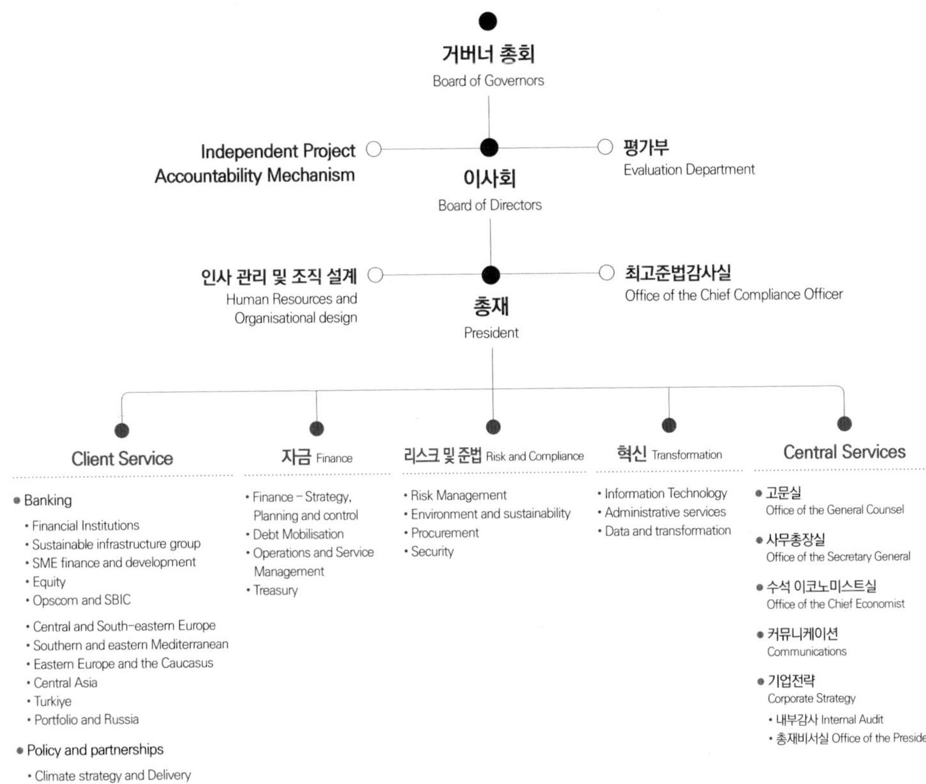

* 2024년 8월 기준

EBRD에서 근무하기

1. 조직 구조 및 채용 개요

EBRD는 런던 본부뿐만 아니라 36개국에 위치한 50개의 지역 사무소에서 근무할 인재를 채용하고 있으며, 근무지에 관계없이 동일한 근무 조건을 보장하고 있다. 또한, 73개 회원국을 아우르는 국제적 다양성을 크게 강조하며, 이를 기반으로 한 포용적인 직장 문화를 추구하고 있다. 모든 공석 정보는 EBRD 채용 안내 홈페이지에 게시되며, 지원자는 사이트에 등록하면 공석이 발생할 경우 실시간으로 알림을 받을 수 있다. EBRD의 온라인 채용 안내 페이지는 www.ebrdjobs.com에서 확인할 수 있다.

2. 채용 분야

① **전문직(Professional Staff)**

- **Economist** : 경제학 박사 학위를 소지하고 있으며, 5~10년 이상의 근무 경력을 가진 인재를 선발한다. 국제기구, 중앙은행, 리서치 기관 또는 학술 연구기관에서의 근무 경험을 우대하며, EBRD 지원 국가(동유럽, 중앙아시아) 관련 근무 경험이 있는 지원자는 더욱 선호된다.
- **Banker(Analyst, Associate, Principal, Senior Banker)** : 상업은행, 투자은행, 사모펀드 등에서 다년간의 근무 경력을 보유한 인재를 선발한다. Analyst와 Associate급은 최소 3년, Principal은 7년, Senior Banker는 10년 이상의 경력이 필요하다.
- **Counsel(변호사)** : 법학 학사 이상의 학력을 보유하고 있으며, 최소 1년 이상의 공사법 연구 또는 관련 근무 경험이 있는 인재를 선발한다. 특히 변호사로서 국경 간 은행 거래(cross-border banking

transaction) 또는 기업·자본시장 거래(cross-border corporate or capital market transaction)에 대한 경험이 요구된다.

② IPP(International Professionals Program)

EBRD는 2011년 2월부터 대학원생을 위한 IPP 프로그램을 신규 도입하여 운영 중이다. 자세한 정보는 EBRD 채용 사이트에서 확인할 수 있다.

이 프로그램은 은행 업무(Banking), 인사(Human Resources), 이해관계자 활동(Stakeholder Relations), 재무(Treasury) 등 네 개 분야로 구성되며, 총 23개월간의 집중적인 프로그램으로 진행된다. 초기 6개월씩 3개 부서에서 런던 본부 순환 근무를 하며, 마지막 5개월은 EBRD 지원 대상국 중 한 국가에서 근무하게 된다.

지원 자격은 EBRD 회원국 국민 중 석사 학위 이상 소지자 또는 그에 상응하는 관련 분야 경력을 보유한 자이며, 최소 1년 이상의 실무 경험(인턴십 경험 포함)을 가진 인재이다. IPP 참가자는 급여 외에도 프로그램 완료 보너스, 의료 보험, 건강관리 보조금, 이주 비용, 연간 휴가 등의 혜택을 받으며, 우수 성과를 거둔 참가자에게는 정규직 전환의 기회가 주어진다.

③ 인턴십

EBRD는 필요에 따라(ad hoc basis) 기본 6개월, 근무 실적에 따라 최대 6개월 연장이 가능한 인턴십 프로그램을 운영하고 있다.

Banking 부문은 경제학, 재무, 금융, 경영 등 관련 분야에서 학사 이상의 학력을 요구하며, 석사 학위 소지자를 우대한다. 민간 분야에서의 근무 경력(특히 회계 분야)과 함께 EBRD 지원국 언어(러시아어, 중앙아

런던에 소재한 EBRD 본부 건물

시아어 등)에 능통한 지원자를 선호한다.

Risk 부문은 금융 또는 과학 분야에서 학사 이상의 학력을 요구하며, 자본시장(Capital Market) 및 리스크 관리(Risk Management) 관련 근무 경험자를 우대한다. 또한, Excel, VBA, SQA 등 데이터 분석 및 처리에 능숙한 지원자도 선호된다.

3. 보수와 후생 복지(정규직 기준)

기본 급여(base salary)는 동종 업계의 급여 수준과 각 업무의 책임도에 따라 결정되며, 매년 직원의 개인별 성과 및 기여도에 따라 조정된다. 성과 보상(performance-based compensation)으로, 1년에 한 번 우수한 성과를 낸 직원에게는 정액(lump sum) 보상이 지급된다. 퇴직금 및 연금 제도는 근무 기간과 최종 급여 수준에 따라 퇴직 또는 은퇴 시 정액으로 지급되며, 이에 더해 별도의 연금도 제공된다.

직원들은 의료, 생명, 상해 등 다양한 보험 혜택을 받으며, 연간 25일의 기본 휴가가 제공되고, 근속 연수에 따라 최장 30일까지 휴가가 가능하다. 이주 지원(relocation) 혜택으로는 교육, 거주, 이주 및 정착 비용이 지원된다.

기타 혜택으로는 건강관리 보조금, 모기지(mortgage) 보조금, Season Ticket Loan(집과 사무실 간 대중교통 연간권 구매를 위한 무이자 대출), Employee Discount Scheme(1,500여 개 주요 소매점에서 물품 구매 시 할인 혜택 적용), Employee Assistance Programme(항시 전문적인 상담 서비스 제공) 등이 있다.

EBRD 인사담당자로부터 알아보기

What is the most important principle of your institution in recruiting staff with different national backgrounds?

The EBRD's most important principle in recruiting staff is to promote diversity and inclusion. The institution values a multicultural workforce, recognizing that diverse perspectives and backgrounds contribute to its overall mission and effectiveness. The EBRD aims to reflect the diversity of the countries in which it operates and believes that fostering a diverse workplace enhances decision-making, creativity, and problem-solving capabilities.

Describe some of the key measures your institution is currently taking to observe such principle or strategy mentioned above.

The EBRD takes several measures to promote diversity and inclusion in its recruitment processes :

- **Inclusive Recruitment Practices** : The EBRD utilizes recruitment practices that are designed to minimize bias and ensure fairness. This includes using standardized job descriptions and competency-based interview questions to focus on candidates' skills and experiences rather than their backgrounds.
- **Diversity Monitoring** : The institution monitors its recruitment and selection processes to ensure that they align with diversity objectives. This involves tracking the diversity of applicants

and new hires, ensuring representation from different genders, nationalities, and minority groups.

- **Partnerships and Outreach** : The EBRD engages in partnerships with organizations that support diverse talent pools and participates in job fairs and recruitment events to attract candidates from different nationalities and backgrounds.
- **Internal Awareness and Training** : The EBRD provides regular training for staff involved in recruitment to raise awareness of unconscious bias and promote inclusive hiring practices. It also encourages cultural competence and sensitivity training among all employees.

What are your institution's main criteria for reviewing resumes and interviewing applicants?

The EBRD evaluates applicants based on several key criteria :

- **Relevant Skills and Experience** : Resumes are reviewed to assess whether the applicant's skills, experience, and qualifications align with the requirements of the position. This includes considering technical expertise, industry knowledge, language skills, and experience in international or multicultural environments.
- **Competency-Based Evaluation** : The EBRD uses a competency-based framework to evaluate candidates. This involves looking for evidence of competencies such as analytical thinking, teamwork, leadership, and communication skills.
- **Educational Background** : While relevant education is considered,

the EBRD places more emphasis on practical experience and demonstrated abilities. Degrees in economics, finance, law, or other related fields are often valued, especially for technical and professional roles.

- **Diversity and Inclusion** : As part of its commitment to diversity, the EBRD takes steps to ensure that its evaluation processes are inclusive and do not disadvantage candidates from different backgrounds or those who have taken non-traditional career paths.

Does your institution have any recruitment program you would like to recommend for the applicants in their twenties without much work experience?

Yes, the EBRD has specific programs targeted at young professionals who may not have extensive work experience :

- **EBRD Internship Programme** : This program is aimed at students and recent graduates who are interested in gaining work experience at an international financial institution. The internship provides a chance to work on real projects and gain hands-on experience in areas such as banking, economics, communications, and human resources.
- **International Professionals Program(IPP)** : The EBRD has an International Professionals Program aimed at recent graduates and young professionals with up to two years of work experience. This program offers rotational assignments across different departments and sectors to build a strong foundation for a career at the EBRD.

07 중미경제통합은행(CABEI)

CABEI 알아보기

1. 연혁 및 현행 조직

중미경제통합은행(CABEI: Central American Bank for Economic Integration)은 1960년 중미 지역의 경제 통합을 지원하기 위해 설립된 지역 다자개발은행이다. 본부는 온두라스 테구시갈파에 위치하고 있으며, 주요 목표는 중미 지역의 빈곤과 불평등을 줄이고, 지역 통합을 강화하며, 중미 국가들이 글로벌 경제에 경쟁력 있게 참여할 수 있도록 돕는 것이다. CABEI는 공공 및 민간 투자를 지원하며, 다양한 개발 프로젝트와 프로그램에 참여하고 있다.

CABEI의 주요 활동 분야는 다음과 같다.

1. 인프라 프로젝트 : 신규 인프라 건설 또는 기존 국가 및 지역 체계를 개선

하여 중미 지역의 균형 발전을 저해하는 기초 부문 격차를 보완하는 인프라 사업을 추진한다.

2. 산업 및 상업 거래 : 중미 지역 국가 간 상업 거래를 증대시키고, 수출 부문 생산을 촉진하는 지역 특성화 산업에 투자한다.
3. 농업 및 농촌 개발 : 농업과 축산업 활동을 개선하고, 농촌 개발을 확대하거나 재구조화하는 사업을 지원한다.
4. 기업 지원 : 중미 기업의 효율성과 경쟁력을 높이기 위해 운영을 확장하거나 생산 구조 개선이 필요한 기업에 지원을 제공한다.
5. 경제적 시너지와 무역 활동 : 중미 국가 간 경제적 시너지를 증대시키고, 역내 및 역외 무역 활동을 강화할 수 있는 사업에 참여한다.

CABEI의 총 회원국은 현재 15개국으로 나뉘며, 역내 회원국과 역외 회원국으로 구분된다. 역내 회원국에는 창립 5개국(엘살바도르, 니카라과, 온두라스, 코스타리카, 과테말라)과 비창립 3개국(도미니카 공화국, 파나마, 벨리즈)이 포함된다. 역외 회원국으로는 한국, 대만, 멕시코, 아르헨티나, 스페인, 콜롬비아, 쿠바가 있다.

한국은 2020년 1월 CABEI에 가입하면서 4.5억 달러를 출자하였고, 투표권 비중 7.56%를 확보했다. 이는 역외 회원국 중 대만(11.32%)에 이어 두 번째로 높은 비중이다. 이에 따라, 한국은 사업 승인, 행정, 예산, 업무 계획 등 CABEI 운영의 중요한 의사결정 기구인 이사회의 정이사직을 수임 중이다.

CABEI는 지난 60년간의 경험과 글로벌 경제 및 지정학적 변화, 기관 내부의 도전과 개혁 요구를 바탕으로 2020~2024년 기관 전략을 수립하였다. 이 전략은 중미 국가들이 경제 발전을 이루고, 복지 기회를 증대할 수 있도록 지원하는 가이드라인 역할을 한다. 주요 전략 방향은 다음과 같다.

1. 환경 및 사회적 지속 가능성 : 사회적으로 적합하고 환경 보전을 고려한 프로그램 및 프로젝트 승인
2. 지속 가능한 경쟁력 : 경제적, 사회적, 제도적 요인을 강화하여 지역 경쟁력 제고
3. 지역 통합 : 특정 부문의 지역 이니셔티브를 통해 통합된 시장으로서 자금 조달 및 홍보
4. 인간 개발 및 사회적 포용 : 복지와 삶의 질을 개선하기 위한 사회적 역량 창출
5. 성평등 : 동등한 기회와 경제적, 사회적 조건을 촉진하는 프로그램과 프로젝트 지원

CABEI의 최고 의사결정기구는 총회(Board of Governor)로, 연 1회 개최되며 CABEI 협정문 개정, 자본 증자, 주요 정책 결정, 감사 및 결산 등의 중요한 사안을 다룬다. 이사회는 CABEI 설립 협정에 따라 총회로부터 전권을 위임받아, 은행 운영, 정책, 예산, 조직 관리 등 전반적인 운영을 담당하며, 총 12명의 이사로 구성된다. 이사 임기는 3년이며 재임이 가능하다.

CABEI의 최고경영책임자(총재, Executive President)는 총회에 의해 선출되며, CABEI 창립 회원국의 국민이어야 한다. 총재의 임기는 5년이며, 1회 연임이 가능하다. 부총재는 국적 요건을 제외하면 자격 조건이 총재와 동일하며, 총재의 제청에 따라 이사회에서 임명된다. 임기는 5년이고 1회 연임이 가능하다.

이와 같은 구조는 CABEI가 안정적으로 운영되고, 중미 지역의 경제 통합 및 발전 목표를 효과적으로 달성하는 데 중요한 역할을 하고 있다.

2. CABEI 조직도

거버너 총회
Board of Governors
감사실
Comptroller
이사회
Board of Directors
내부 회계감사
Internal Auditing
사무국
Secretariat
윤리실
Ethics Office
평가실
Evaluation Office
총재 Executive President
부총재 Executive Vice President
수석 경제자문관실
Office of the Chief Economist
홍보 및 대외관계실
Communication and
External Relations Office
법무실
Legal Affairs Office
인사실
Human Resources Office
연금기금실
Office of Pension Funds
총재 직속 전략혁신기구
Presidential Unit of Strategy and
Innovation
환경·사회 영향 평가실
Environmental and
Social Sustainability Office
기획예산실
Planning and Budget Office
신용관리부
Credit Management
정부非보증부 공공 및
민간부문 관리부
Non-Sovereign Public
Sector and Private Sector
Management
정부보증부 공공부문
관리부
Sovereign Public Sector
Management
재무부
Finance Division
정보기술 관리부
Information Technology
Management
운영지원·재정통제부
General Services
and Financial Control
Management
리스크 관리부
Risk Management
사회적기금 관리부
Social Support Foundation
CABEI

CABEI에서 근무하기

CABEI의 본부는 온두라스 테구시갈파에 위치하며, 과테말라, 엘살바도르, 니카라과, 코스타리카, 파나마, 도미니카 공화국, 중화민국(대만), 아르헨티나, 스페인, 한국에도 지역 사무소를 두고 있다. CABEI에서 근무하기 위해서는 반드시 회원국 국적을 보유해야 한다.

CABEI가 지원자의 이력서를 검토할 때 가장 중요한 기준은 직무 설명에 대한 적합성이다. 특히, 지원자가 해당 직책에 요구되는 자격 요건을 모두 또는 대부분 충족하는지를 확인한다. 채용 인터뷰는 지원자의 역량, 기술, 경험 및 자격을 평가하기 위해 설계되며, 전문가 패널이 각 지원자의 프로필을 검증하는 과정에서 진행된다.

1. 채용 분야

Young Professional Program은 석사 학위 이상을 보유한 CABEI 회원국 국적자에게 다자개발은행에서 전문적인 경험을 제공하는 프로그램이다. CABEI는 업무 환경에서 다양성을 매우 중요시하며, 다양한 전문적 및 문화적 배경을 가진 인재들의 지원을 적극 권장한다. 최종 채용 인원은 CABEI 회원국 간에 균등하게 배분된다. 채용 기간은 최대 2년이며, 성과에 따라 연장이 가능하다. 모든 Young Professional은 정규직 공석이 발생할 경우 잠재적인 후보자가 될 수 있다. 지원서는 상시 접수되며, 선발 과정은 약 6주가 소요된다. 지원서 접수 이메일은 다음과 같다. : recursoshumanos@bcie.org.

① **자격 요건**

· CABEI 회원국 국적 소유

· 석사 학위 이상 보유

· 영어 또는 스페인어를 제2언어로 사용 가능

· 학업 성적 지수(GPA) 3.16 이상 또는 79% 이상의 학업 성적

· 최소 1년 이상의 경력(더 많은 경력을 보유한 지원자는 우대)

· 개발에 대한 헌신, 학업 우수성, 직업적 성취 및 리더십 능력을 입증할 수 있어야 함

· 채용 시점 기준으로 34세 미만

② **보수와 후생 복지**

· 지원자의 학력, 직업 경험 및 성과를 고려하여 경쟁력 있는 월급을 제공

· CABEI 내부 채용 경쟁에 참여할 수 있는 기회 제공

· 의료 보험 및 생명 보험 제공

· CABEI 인재 관리부가 주최하는 내부 교육에 참여 가능(상황에 따라 제공)

· 본국으로의 왕복 항공권 및 관련 공항세 제공

· 주거지 계약 전 필요한 경우 최대 5박까지 숙박비 지원

· 업무 관련 출장 시 출장비 및 연장 임무 수당 제공

· 매달 2일의 휴가 제공(누적 불가)

2. 보수와 후생 복지(Staff 기준)

· 연간 기본 급여(월 12회 지급)

· 보너스

· 크리스마스 보너스
· 근속 보너스(휴가 보너스)
· 특별 성과 보너스

기타 복지

· 정착 지원금
· 가족 이전 지원(Household Relocation)
· 부임 및 귀국 지원
· 가족 수당
· 사망 시 지원금

비현금적 인정(Non-Cash Recognition)

· 근속 연수에 따른 특별 인정

CABEI 인사담당자로부터 알아보기

What is the most important principle of your institution in recruiting staff with different national backgrounds?

In order to properly manage personnel recruitment, requirements must be guaranteed, including being a national of one of CABEI's partner countries. This principle aims to promote an equitable work environment that values diverse perspective and experiences, which can enhance organizational culture and improve creativity, innovation and performance. It also ensures that all candidates have equal opportunities.

Describe some of the key measures your institution is currently taking to observe such principle or strategy mentioned above.

Some key measures that the institution is currently taking in consideration are :

- Use of recruitment campaigns in social media platforms and networks that reach diverse groups and communities.
- Flexibility and adaptation in an environment that respects and values different tradition and cultural needs.
- Currently working on policies on diversity and inclusion to establish clear communication that promotes workplace diversity.
- Hybrid work environment.

What are your institution's main criteria of reviewing resumes and interviewing applicants? Usually what do you ask in the interview?

The primary criterion for reviewing resume is the job description. We ensure that the applicants meet all or most of the requirements outlined for the position they are applying for. Additionally, we ensure that the candidates meet the requirements established by our norms and policies. The interviews are designed to assess the candidates' competencies, skills, experiences, technical qualification, and are conducted with a panel of experts to validate each profile.

Does your institution have any recruitment program you would like to recommend for the applicants in their twenties without much work experience?

The Young Professionals Program is designed for highly qualified professionals, with an academic degree of no less than a University Master's Degree. The program provides professional experience in a Multilateral Development Bank to the citizens of the Bank's partner countries. Equal opportunities are sought for each of the Bank's member countries with respect to the number of interns recruited. It is a unique opportunity for a young professional who has a passion for international development as well as the potential to become future leaders. The program is designed for qualified individuals in areas relevant to CABEI operations. We value diversity in our work environment, so we encourage all qualified young people of diverse professional and cultural profiles.

08 아시아인프라투자은행(AIIB)

AIIB 알아보기

1. AIIB는 무엇을 하는가?

아시아인프라투자은행(AIIB: Asian Infrastructure Investment Bank)은 인프라 투자를 통해 아시아 지역의 지속 가능한 경제 발전과 지역 내 연결성 및 지역 간 협력을 증진하는 것을 목표로 2016년 1월에 공식 출범한 국제금융기관이다. 2013년 중국 시진핑 주석이 AIIB 설립을 처음 제안했으며, 이후 여러 아시아 및 유럽 국가들과의 협의를 거쳐 2015년 한국을 포함한 57개 창립 회원국에 의해 AIIB 설립 협정이 서명되었다. 본부는 중국 베이징에 위치하며, 아랍에미리트 아부다비에 임시 지역 사무소를 운영하고 있다. 2024년 8월 기준, 총 109개 회원국이 가입하고 있으며, 납입 자본금 규모는 200억 달러 수준이다. 한국은 지분율 5위(3.85%)를 차지하고 있다. 2024년 6월 말 기준 약 600명의 직원이 근무 중이며, AIIB는 총 540억 달러 규모의 276개 사업(2024년 7월 말 기준)에 투자하여 이를 관리하고 있다.

경영진은 총재 1인과 정책·전략, 투자 사업, 행정 관리, 사무 총괄 등을 분담하는 6명의 부총재로 구성되어 있으며, 은행의 주요 운영을 총괄한다. 다른 다자개발은행과 마찬가지로 이사회(Board of Directors)는 주요 정책 결정, 프로젝트 및 예산 승인, 감독 기능을 수행하나, AIIB는 이사회를 무보수 비상주 체제로 운영한다는 점에서 차별화된다. AIIB의 일상적인 운영은 총재가 이끄는 행정 조직에서 수행하며, 총재는 회원국들을 대표하는 총회(Board of Governors)의 승인을 받아 임명된다.

AIIB는 Lean(신속·효율), Clean(청렴), Green(친환경)의 3대 핵심 가치를 기반으로 하여, 도로, 철도, 항만, 에너지, 디지털 등 다양한 인프라 사업에 대해 프로젝트 파이낸싱을 주력하는 사업 모델을 채택하고 있다. 인프라 프로젝트에 대한 자금 공급 외에도 프로젝트 설계와 정책 협의 등의 기술 지원을 함께 제공하여, 프로젝트 실행 가능성을 높이고 최상의 결과를 도출할 수 있도록 지원한다.

2020년에는 2030년까지의 중기 경영 전략을 수립하면서 "Financing Infrastructure for Tomorrow"라는 미션을 채택하고, 친환경 인프라, 기술 기반 인프라, 지역 간 연결성 및 협력, 민간 자본 활성화라는 4대 우선 과제를 설정했다. 이를 통해 신규 자금과 혁신 기술, 새로운 금융 기법을 활용하여 지속 가능한 인프라 투자 사업을 수행하고, 기후 변화에 대응하며 아시아 지역과 세계와의 협력을 강화하기 위해 노력하고 있다. 또한, 최근 기후, 보건, 식량 등 인류 공동의 위기 대응에 있어 다자개발은행의 역할이 확대되는 흐름에 맞춰, 글로벌 공공재 분야에 대한 투자 전략과 맞춤형 금융 지원 방식을 수립하고 투자 규모를 확대해 나가고 있다. 이러한 지속적인 사업 확장을 위해 2030년까지 임직원 규모를 800~900명으로 늘리는 것을 목표로 하여, 다양한 업무 분야에서 매년 활발한 인력 채용을 진행하고 있다.

2. AIIB 조직도

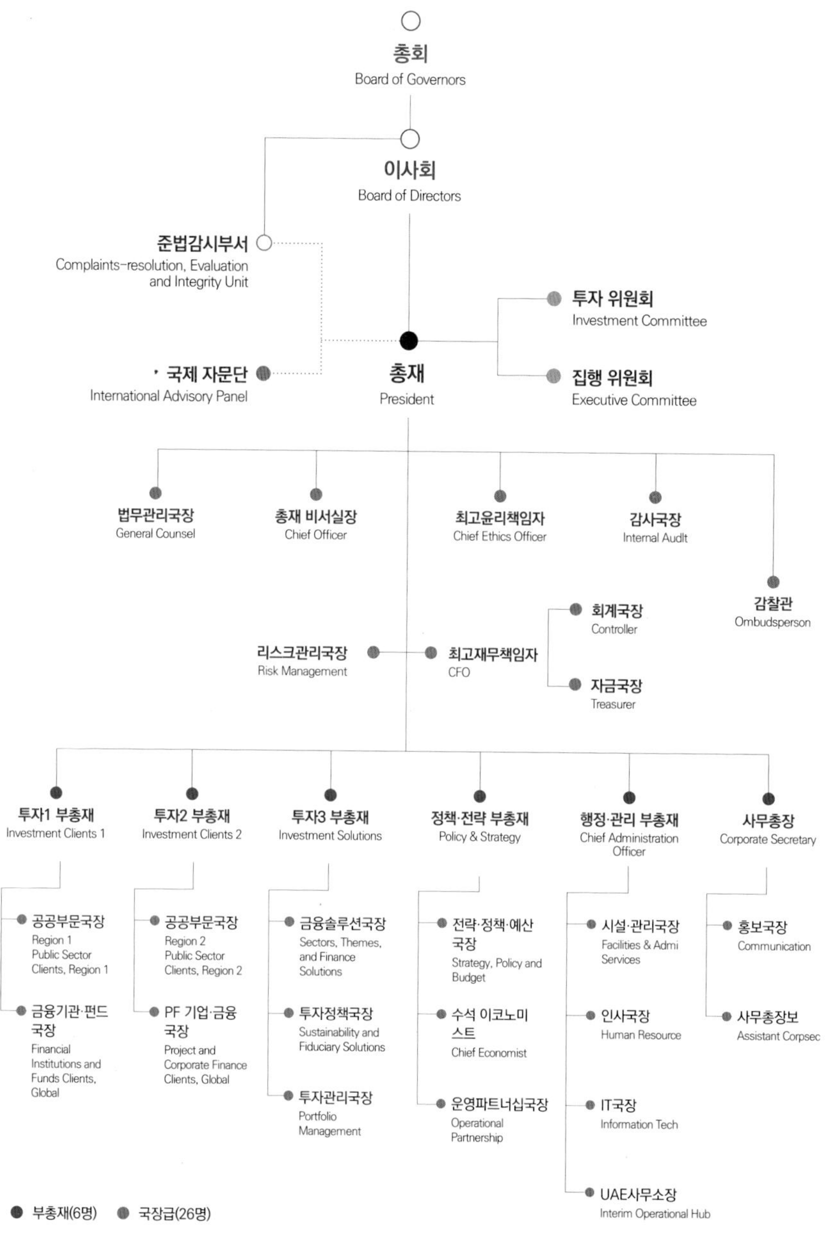

총회
Board of Governors
이사회
Board of Directors
준법감시부서
Complaints-resolution, Evaluation and Integrity Unit
투자 위원회
Investment Committee
국제 자문단
International Advisory Panel
총재
President
집행 위원회
Executive Committee
법무관리국장
General Counsel
총재 비서실장
Chief Officer
최고윤리책임자
Chief Ethics Officer
감사국장
Internal Audit
감찰관
Ombudsperson
회계국장
Controller
리스크관리국장
Risk Management
최고재무책임자
CFO
자금국장
Treasurer
투자1 부총재
Investment Clients 1
투자2 부총재
Investment Clients 2
투자3 부총재
Investment Solutions
정책·전략 부총재
Policy & Strategy
행정·관리 부총재
Chief Administration Officer
사무총장
Corporate Secretary
공공부문국장
Region 1 Public Sector Clients, Region 1
금융기관·펀드 국장
Financial Institutions and Funds Clients, Global
공공부문국장
Region 2 Public Sector Clients, Region 2
PF 기업·금융 국장
Project and Corporate Finance Clients, Global
금융솔루션국장
Sectors, Themes, and Finance Solutions
투자정책국장
Sustainability and Fiduciary Solutions
투자관리국장
Portfolio Management
전략·정책·예산 국장
Strategy, Policy and Budget
수석 이코노미스트
Chief Economist
운영파트너십국장
Operational Partnership
시설·관리국장
Facilities & Admi Services
인사국장
Human Resource
IT국장
Information Tech
UAE사무소장
Interim Operational Hub
홍보국장
Communication
사무총장보
Assistant Corpsec
부총재(6명)
국장급(26명)

3. AIIB 주요 부서 소개

AIIB의 부서는 크게 투자운영(Investment Operations) 부문과 지원(Enabling Functions) 부문으로 구분된다.

투자운영 부문은 은행의 핵심 기능인 인프라 투자 프로젝트를 발굴하고, 평가하며, 실행하는 역할을 수행한다. 투자운영 부문에 속한 부서들은 크게 3가지로 분류할 수 있다. 첫 번째는 투자 사업 전담 부서로, 각 투자 프로젝트의 기획부터 평가, 실행, 모니터링까지의 전체 생애주기를 관리하는 업무를 담당한다. 세부적으로는 공공(Sovereign), 기업금융(Corporate Finance), 금융기관 및 펀드(Financial Institutions and Funds) 등 고객군별 전담 프로젝트 팀으로 나뉜다.

투자운영 부문을 구성하는 다른 두 가지 기능은 섹터·테마별 스페셜리스트 부서와 투자 사업 운영·관리 부서다. 섹터·테마별 스페셜리스트들은 에너지, 교통, 도시개발, 수자원, 디지털 등 AIIB의 주요 섹터별 투자 전략을 수립하며, 기후 및 환경·사회(E&S) 등 다자개발은행 사업에서 중요시되는 최신 테마를 AIIB의 투자 사업에 반영하여 최대한 실현되도록 한다. 주요 섹터 및 테마별 스페셜리스트들은 AIIB의 투자 사업 프로젝트 팀에 배치되어 이러한 활동을 지원한다. 투자 사업 운영·관리 부서는 프로젝트 팀뿐만 아니라 리스크 관리, 전략, 법무 등 다른 주요 기능 부서와 협업하며, 투자 사업 포트폴리오를 관리하고 있다.

지원 부문은 재무 관리, 자금 조달(Treasury), 홍보, 기획(정책·전략, 인사, IT), 리스크 관리, 법무 등으로 구성되어 있으며, 은행의 투자 사업 운영이 원활하게 이루어지도록 돕는 다양한 지원 부서들로 이루어져 있다. 이러한 부서들은 투자운영 부문과 긴밀히 협력하여 투자 사업의 실행과 관리에 필수적인 서비스와 전문성을 제공하고 있다.

AIIB에서 근무하기

1. 조직 구조

AIIB는 25개의 국·실과 1개의 임시 해외 사무소로 구성되어 있으며, 전문직(Professional Staff)의 경우 필요에 따라 수시로 채용 공고를 게시한다. 모든 채용 정보는 AIIB Career Portal(https://career5.successfactors.eu/career?company=AIIB)에 게시되며, AIIB 홈페이지(https://www.aiib.org/en/opportunities/career/job-vacancies/staff/index.html)를 통해서도 접속할 수 있다.

2. 채용 개요

AIIB의 채용 과정은 직위마다 차이가 있지만, 대체로 서류 심사 - 패널 인터뷰 - 고위직 인터뷰의 세 단계로 구분된다. 서류 심사를 통과한 지원자는 지원하는 직위의 관련 실무진으로 구성된 패널과 인터뷰를 진행하며, Job description에서 제시된 직무와 연관된 경험, 지식, 기술뿐만 아니라 조직 적응력까지 다각도로 평가받게 된다. 패널 인터뷰는 인터뷰 대상자 수와 패널의 스케줄 등을 고려하여 대략 2~3주 동안 진행된다.

평균적으로 4~5명의 지원자가 패널 인터뷰를 통과하여 고위직과의 최종 인터뷰 대상자가 된다. 주로 해당 직위의 담당 국장(Director General)이 면접관으로 참여한다. 최종 인터뷰를 통과한 지원자는 공식적으로 Job Offer를 받게 되며, 보통 3년의 최초 계약을 체결하고 이후 5년 단위로 계약을 갱신할 수 있다.

3. 채용 분야

① 전문직(Professional Staff)

- **Investment Officer** : 근무 경력 5~8년 이상이 필요하며, 관련 전문 분야(에너지, 수자원, 도시개발 등)에서 석사 학위 이상의 학력을 요구한다. 공공 또는 민간 부문 고객이나 개발 파트너(MDB, 양자 기관 등)와 협력한 경험, 개발도상국에서의 폭넓은 근무 경험, 그리고 AIIB가 투자하는 국가의 언어에 대한 지식이 주요 우대사항이다.
- **Economist** : 근무 경력 5~8년 이상이 필요하며, 경제학, 공공정책 또는 분야별(수자원, 에너지, 도시개발 등) 석사 학위 보유자를 우대한다. 계량적 분석 능력, 인프라 운영 분야에서의 경험, 개발 금융 분야에 대한 폭넓은 지식, 그리고 거시 경제 요인이 인프라 프로젝트 성과에 미치는 영향에 대한 이해가 주요 자격 요건이다.
- **Banker(analyst, associate, principal, senior banker)** : 상업은행, 투자은행 또는 국제금융기관에서의 근무 경험 보유자를 선발하며, officer 레벨은 3~5년, senior officer 레벨은 5~10년의 근무 경험이 필요하다. 경영학 또는 금융 관련 분야 학사 학위가 필요하며, 채권, 사모펀드 및 펀드 등 자본시장 솔루션을 활용한 구조화 경험, 재무 분석 및 모델링 능력, 신용 분석 능력이 주요 우대사항이다. 또한 AIIB가 투자하는 국가의 언어에 대한 지식이 있으면 우대된다.
- **Counsel(변호사)** : 법학 석사 이상의 학위가 필요하며, Counsel은 5~8년, Senior Counsel은 8~10년 이상의 관련 자격 취득 후 실무 경험이 요구된다. 특히 국경 간 은행 거래(cross-border lending transactions), 사모펀드 투자(private equity investments), 자본시장 거래(capital markets transactions)의 경험을 요구한다.

② GP/LAP(Graduate Program/Legal Associates Program)

AIIB의 Graduate Program은 석사·학사 졸업생들을 대상으로 투자, 재무, 리스크 관리, 전략, 경영 지원, E&S 등 6개의 글로벌 금융 및 개발 분야에서 경력을 시작할 수 있는 기회를 제공한다. 자세한 내용은 홈페이지(https://www.aiib.org/en/work-with-us/join-the-team/young-talent-programs/index.html)에서 확인할 수 있다.

석사 학위 소지자(1~2년의 실무 경험 보유) 또는 학사 학위 소지자(2~3년의 실무 경험 보유)를 대상으로 하며, 2년 동안 AIIB의 여러 부서를 순환하며 프로젝트에 직접 참여하는 기회를 통해 실무 경험을 쌓을 수 있다. 2년간의 프로그램을 성공적으로 마친 참가자에게는 정규직 전환의 기회가 주어질 수 있으며, AIIB에서의 장기적인 경력 개발을 지원받을 수 있다.

Legal Associates Program은 법률 분야에 특화된 졸업생 프로그램으로, 법학 석사 또는 JD 학위를 소지하고 최소 2년 이상의 법률 실무 경험이 있는 인재를 대상으로 한다. 이 프로그램 또한 AIIB의 법률 부서에서 2년 동안 다양한 법률 케이스에 참여하며, 프로그램 완료 후 AIIB 정규직 전환의 기회가 주어진다.

③ 인턴십

석·박사 과정 재학 중인 학생을 대상으로 8~12주의 인턴십 프로그램을 제공한다. 해당 기간 동안 AIIB의 프로젝트에 직접 참여하며, 투자 전략 수립 및 시장 분석 등의 업무를 수행하게 된다. 유관 업무 경력 보유자가 우대되지만, 필수 요건은 아니다.

4. 보수와 후생 복지(정규직 기준)

AIIB의 기본급은 매년 개인별 성과 및 기여도에 따라 조정되는 성과 기반 구조를 채택하고 있다. 은행 정책상 급여 테이블은 대외비이나, 민간 금융기관과 동종 업계(다자개발은행 및 국제기구)의 급여 수준을 벤치마크하여 매년 모니터링함으로써, 경쟁력 있는 급여 수준을 보장하고 있다. 또한 베이징 본부 혹은 해외 사무소 현지에 근무함에 따라 발생하는 정착 애로사항 등을 보완하기 위해, 입지수당(Location Premium)이 기본급의 25% 또는 27,600달러 중 큰 금액으로 매년 지급된다.

퇴직금 및 연금은 퇴직 전까지의 근무 기간에 따라 차등 지급된다. 의료, 생명 등 주요 보험이 보장되며, 근속 연수에 따라 연간 26~30일의 유급 휴가가 주어진다. 이외에도 이주비, 자녀 교육비, 2년마다 1회의 고국 방문여비 등이 복지 패키지로 지원된다.

AIIB 인사담당자로부터 알아보기

What is the most important principle of your institution in recruiting staff with different national backgrounds?

All selection processes are done on merit first, while seeking to ensure a diverse representation of our shareholding.

Describe some of the key measures your institution is currently taking to observe such principle or strategy mentioned above.

Ensuring balanced longlists, delivery of routine interview training, expansion of AIIB as an employer of choice through participation in a series of online and virtual career events.

What are your institution's main criteria of reviewing resumes and interviewing applicants?

Relevant experience matched to the requirements of the role.

Could you offer some samples of interview questions?

The interview questions are designed to be specific to the position but will include both technical and behavioral assessments. We encourage the candidates to link their responses to their past experiences to best illustrate their abilities.

Does your institution have any recruitment program you would like to recommend for the applicants in their twenties without much work experience?

Yes! We have a series of young talent programs available. These include Internships, the Graduate Program, and the Legal Associate Program. Applications are received via our careers page on the AIIB website from December through January. Assessments are conducted throughout the spring with interns joining over the summer academic break and Graduates and Legal Associates onboarding September on 2-year rotational contracts.

09 경제협력개발기구(OECD)

OECD 알아보기

1. 연혁

경제협력개발기구(OECD: Organisation for Economic Co-operation and Development)는 회원국의 경제 성장과 금융 안정을 촉진하고, 세계 경제 발전 및 각국의 건전한 성장을 지원하기 위해 1961년 9월 프랑스 파리에 설립된 국제기구이다. 또한, 다자주의와 비차별 원칙에 기반한 세계 무역의 확대에 기여하는 것을 목적으로 하고 있다.

OECD는 개방적이고 투명한 시장경제, 자유무역, 공정 경쟁 등의 경제적 가치를 비롯해 자유민주주의, 인권 존중, 법치주의 등 정치·사회적 가치를 공유하는 Like-minded 국가들이 모인 지식 허브이자 정책 포럼이다. 현재 회원국은 총 38개국이며, EU는 의사결정권은 없으나 모든 논의에 참여한다. 한국은 1996년에 가입하였다.

OECD는 UN, IMF, WB 등 주요 국제기구뿐만 아니라 중국, 인도, 남아프리카공화국, 인도네시아, 브라질 등 주요 파트너 국가, G20, G7, APEC 등 글로벌 포럼과도 긴밀히 협력하여 글로벌 이슈와 역내 의제 등을 논의하고 있다.

OECD의 주요 목표는 전 세계 국가들이 "더 나은 삶을 위한 더 나은 정책(Better Policies for Better Lives)"을 수립할 수 있도록 지원하는 것이다. 이를 위해 증거 기반 분석, 정책 검토를 통한 상호 학습(Peer Review and Learning)을 바탕으로 다음과 같은 활동을 수행한다.

① 회원국과 파트너들이 정책 결정을 내리는 데 활용할 수 있는 지식 제공

· 매년 500개 이상의 주요 보고서, 국가별 설문조사, 50억 개 이상의 데이터, 수백 개의 정책 보고서, 기사, 디지털 콘텐츠를 생산하며, 이를 통해 각국 정부, 의회, 언론, 연구 활동을 지원한다.

· 각 회원국 정부의 요청에 따라 경제, 환경, 사회 변화에 대한 예측 및 국가별 검토를 수행한다.

② 다양한 정책 영역 내 이해관계자들에게 정책 논의의 장 제공

· 매년 약 4,000회 이상의 회의와 행사 등을 통해 정부, 의회, 국제기구, 기업, 노동단체, 비정부기구(NGO), 학계 대표들이 불평등, 청년 실업, 성별 격차, 이민자 통합, 빈곤 속 노년층, 개발 등의 사안을 심층적으로 논의한다.

③ 국제 규범 및 표준 제정

· 공정한 경쟁 환경 조성, 국경 간 이전 촉진, 시민들의 복지 향상 및 성과 개선을 목표로 다양한 국제 기준과 표준을 설정하며, 이러한

표준은 OECD 신규 가입 후보국들에 대한 기술적 평가 과정에서도 중요한 역할을 한다.

· OECD 창설 이래 소비자 보호, 화학물질 시험, 책임 있는 기업 활동, 환경 보호 등 여러 분야에서 500개 이상의 법적 도구(legal instrument)가 개발되었으며, 1997년 반부패 협약과 같은 법적 구속력이 있는 결정 및 국제 협정부터 2019년 AI 권고안과 같은 비구속적 권고 및 선언까지 다양한 규범을 제정하였다.

OECD는 2021년 설립 60주년을 맞아 신뢰를 기반으로 글로벌 협력을 강화하겠다는 향후 10년간의 비전인 Trust in Global Cooperation을 제시하였다. OECD는 회원국 및 비회원국이 지속 가능하고 포용적인 경제 성장을 촉진하는 정책을 개발할 수 있도록 지원해 나갈 것이라고 밝히며, 핵심 과제로 기후 변화 대응, 에너지 전환, 디지털화, 불평등 해소, 회복력 있는 노동 시장 구축 등을 제시하였다.

2. 현행 조직

OECD는 이사회(The Council), 전문 분야별 위원회(The Substantive Committees), 사무국(The Secretariat)으로 구성되어 있다.

이사회는 OECD의 최고 의사 결정기구로, 38개 회원국과 EU 대표 1명으로 구성된다. 사무총장이 의장직을 맡으며, OECD의 전반적인 업무에 대한 전략적 방향을 제시한다. 연 1회 각국 각료급이 참석하는 각료이사회에서는 OECD의 전략적 우선순위를 결정하며, 상주대표 이사회는 매달 1회 각국의 상주대표(대사)가 참석해 각료이사회 위임사항, 각 위원회의 활동, 사무국 운영 등을 감독한다.

전문 분야별 위원회(총 31개)는 약 300개 이상의 작업반 및 프로그램을 운영하며, 각 위원회는 담당 부문의 세계 동향, 주제별 사업 추진 현황을 검토하고 주요 주제에 대한 정책 대화를 진행한다.

사무국은 사무총장과 4명의 사무차장을 비롯해 약 4,000명의 직원으로 구성되어 있으며, 이사회 및 집행위 사무국, 법률국, 내부 평가감사국 등의 일반사무국(SGE)과 개발, 경제, 금융, 환경, 조세 등 총 17개의 국(Directorates) 및 주요 센터가 이사회와 각종 위원회를 지원한다.

그 외 주요 준독립기구(Secretariats of entities within the OECD family)로는 국제에너지기구(IEA), 원자력기구(NEA), 국제교통포럼(ITF), 개발센터(DEV), 자금세탁방지기구(FATF) 등이 설치되어 운영 중이다.

3. OECD 조직표

사무총장
Managing Director General

- **일반사무국** SGE
  - 사무차장 4
  - 사무총장실 Office of SG
  - 이사회·집행위사무국 SGE/CES
  - 법률국 SGE/LEG
  - 내부평가감사국 SGE/EVIA
- **국** Directorates **및 주요 센터** Centres
  - 집행총국 EXD
  - 커뮤니케이션국 COM
  - 대외관계국 GRC
  - 개발협력국 DCD
  - 경제국 ECO
  - 교육·인적역량국 EDU
  - 고용·노동·사회국 ELS
  - 기업가정신·중소기업·지역개발센터 CFE
  - 환경국 ENV
  - 금융·기업국 DAF
  - 공공거버넌스국 GOV
  - 과학기술혁신국 STI
  - 통계데이터국 SDD
  - 조세정책·행정센터 CTP
  - 무역농업국 TAD
  - 스킬센터 SKC
  - 웰빙센터 WISE
- **주요 준독립기구** Secretariats of entities
  - 개발센터 DEV
  - 국제에너지기구 IEA
  - 국제교통포럼 ITF
  - 원자력기구 NEA
  - 자금세탁방지기구 FATF
  - 사헬 서부아프리카클럽 SWAC
- **특별단체** Special Entities **등**
  - 직장협의회 ADP
  - OECD자문기구 ACO
  - 보수및연금국제서비스 RPS
  - 조합 ASS

OECD에서 근무하기

1. 직원 모집 방식(정보 취득 경로, 진출 경로) 등 채용 정책

OECD는 정책 전문가, 경제학자, 법률가, 통계 전문가, 행정 지원 인력 등 다양한 분야의 전문가들을 대상으로 연중 수시로 인재를 채용하고 있다. OECD 채용에 지원하기 위해서는 만 65세 미만의 OECD 회원국 국민이어야 하며, OECD의 두 가지 공식 언어(영어 및 프랑스어) 중 하나 이상에 능통해야 한다.

OECD 채용 정보는 OECD 홈페이지(https://careers.smartrecruiters.com) 및 주OECD 대한민국 대표부 홈페이지(https://oecd.mofa.go.kr)에서 수시로 확인할 수 있다.

2. 직원 모집 분야 및 직급 체계

OECD 직원은 정규직(Official Staff), 임시직(Temporary Staff), 관련직(Associated Staff)으로 구분된다.

정규직의 최초 계약 기간은 평균 2년으로, 이후 기간 갱신이 가능하며, Young Associates도 정규직에 포함된다. 임시직은 최초 6개월 단위로 계약을 체결한 후 연장할 수 있다. 관련직(인턴 또는 민간/공공기관 파견(staff on loan))의 근무 기간은 사무국의 채용 희망 직위 및 공석 여부에 따라 다르다.

① 정규직

OECD는 2023년 10월 이후 정규직원 및 임시직원 채용 시, 네 가지 직군(Job Families)으로 구분하고 있다. 이 직군은 △정책 분석 및 법률(Policy Analysis and Legal), △일반 행정(General Administration),

△경영 기능(Corporate Functions), △임원(Executive Leadership)으로 나뉜다.

- **정책 분석 및 법률(PAL)** : PAL은 정책 분석, 자문 수립, 지식 수집 등을 중점적으로 수행하며, 회원국 및 비회원국의 새로운 정책 개발을 지원하는 역할을 한다. 이를 위해 연구, 분석, 통계, 자문과 관련된 기술적 전문성이 요구된다.
- **일반 행정(GA)** : GA는 이사회 및 위원회 운영에 필요한 행정 지원을 제공하고, 프로젝트 관리를 주로 담당한다. 또한, 이사회 전략에 대한 전문적인 조언을 통해 조직이 보다 효율적으로 업무를 수행할 수 있도록 돕는 한편, 규칙과 규정 준수를 지원하는 역할을 한다.
- **경영 기능(CF)** : CF는 OECD의 조직 관리를 위해 인사, 재무, IT 등 운영 및 일반 관리 서비스와 관련된 정책, 프로그램, 시스템 설계 및 평가 업무를 수행한다. 이를 통해 조직의 효율적 운영을 지원하고, 관리 서비스에 영향을 미치는 중요한 역할을 담당한다.
- **임원(EL)** : 임원은 각 사무국의 국장급 이상의 고위직으로, 계약 기간은 통상 2년 이상이며 연장이 가능하다. 임원급 직원은 비전과 전략, 윤리와 청렴성, 성과 달성, 혁신과 변화 수용 능력에 부합하는 행동과 리더십을 다각도로 평가받는다.
- **YAP(Young Associate Program)** : Young Associates는 정규직에 포함되며, 다자간 정책 결정, 연구 및 분석 분야에서 석사 학위 진학 전에 업무 경험을 쌓고자 하는 학부생을 대상으로 하는 OECD의 특별 채용 프로그램이다. YAP은 총 2년의 기한이 정해져 있으며, 지원자는 해당 연도에 졸업했거나 졸업 예정자여야 한다. 또한 4.0 만점 중 3.0 이상의 GPA를 보유한 OECD 회원국 국민이어야 한다. OECD의 공식 언어인 영어 또는 프랑스어 중 하나에 유창해야 하

며, 프로그램 수료 후 관련 분야의 대학원 학위를 취득하고자 하는 동기 또한 평가 요소로 고려된다.

② 임시직

OECD는 프로젝트 또는 사업에 일시적으로 인력이 필요하거나, 각 사무국의 예산 상황에 따라 6개월 이내의 단기간 임시직을 채용하는 경우가 있다. 일반적으로 OECD에서 인턴 근무 경험이 있는 직원이 임시직으로 전환되어 근무를 연장하는 경우가 많다. OECD는 공석 공고 시 "Temporary" 직위임을 별도로 명시하며, 급여 조건과 근무 기간은 채용 희망 직위 및 지원자의 경력에 따라 달라진다.

③ 관련직

- **인턴** : OECD는 인턴을 상시적으로 모집하며, 학사, 석사, 박사 학위 등 정규 학위 프로그램에 등록된 학생은 학업 중 언제든지 온라인으로 지원할 수 있다. 선발된 인턴은 연구 및 문서 작성, 자료 수집 및 분석, 회의 및 세미나 준비와 지원 등 다양한 업무를 경험할 수 있다. 또한, 해당 팀의 필요에 따라 대면/비대면 형식 또는 완전 원격으로 인턴십을 수행할 수도 있다.
- **Person on Loan** : Person on loan은 공공기관, 민간 기관, 대학 등에서 OECD의 프로그램 및 예산 집행에 기여하기 위해 일시적으로 파견된다. 근무 기간은 주로 최소 1개월부터 최대 3년까지이며, 이는 파견 기관의 결정에 따라 다르다. OECD와 MOU를 체결한 파견 기관이 보수를 지급하며, 근태 관리에 대한 책임도 파견 기관에 있다.

3. 보수(등급별 보수표), 처우, 후생복지 등

OECD가 공개한 정규직의 직군별 보수표는 다음과 같다. (프랑스 파리 본부 근무, 2024년 1월 기준)

FRANCE(OECD) FRANCE(OCDE)

Monthly salary scale as from 01/01/2024 (EUR)

EXECUTIVE LEADERSHIP

	Step 1	Step 2	Step 3	Step 4	Step 5	Step 6	Step 7	Step 8
EL3	15 376.05	15 685.11	16 000.38	16 321.99	16 650.06	16 984.73	17 154.57	17 326.12
EL2	13 645.46	13 919.74	14 199.52	14 484.94	14 776.08	15 073.08	15 223.81	15 376.05
EL1	12 109.66	12 353.06	12 601.36	12 854.64	13 113.02	13 376.59	13 510.36	13 645.46

POLICY ANALYSIS & LEGAL

	Step 1	Step 2	Step 3	Step 4	Step 5	Step 6	Step 7	Step 8
PAL8	10 640.30	10 854.17	11 072.34	11 294.90	11 521.92	11 753.51	11 871.05	11 989.76
PAL7	9 349.24	9 537.16	9 728.85	9 924.40	10 123.88	10 327.37	10 430.65	10 534.95
PAL6	7 738.74	7 894.28	8 052.96	8 214.82	8 379.94	8 548.38	8 633.86	8 720.20
PAL5	6 665.76	6 799.74	6 936.41	7 075.83	7 218.06	7 363.14	7 436.77	7 511.14
PAL4	5 741.55	5 856.95	5 974.68	6 094.77	6 217.27	6 342.24	6 405.66	6 469.72
PAL3	5 044.88	5 146.28	5 249.72	5 355.24	5 462.88	5 572.69	5 628.41	5 684.70
PAL2	4 432.75	4 521.85	4 612.74	4 705.45	4 800.03	4 896.51	4 945.48	4 994.93
PAL1	3 780.34	3 856.33	3 933.84	4 012.91	4 093.57	4 175.85	4 217.61	4 259.78

CORPORATE FUNCTIONS

	Step 1	Step 2	Step 3	Step 4	Step 5	Step 6	Step 7	Step 8
CF7	10 225.12	10 430.65	10 640.30	10 854.17	11 072.34	11 294.90	11 407.84	11 521.92
CF6	8 984.43	9 165.02	9 349.24	9 537.16	9 728.85	9 924.40	10 023.65	10 123.88
CF5	7 436.77	7 586.25	7 738.74	7 894.28	8 052.96	8 214.82	8 296.97	8 379.94
CF4	6 534.41	6 665.76	6 799.74	6 936.41	7 075.83	7 218.06	7 290.24	7 363.14
CF3	5 741.55	5 856.95	5 974.68	6 094.77	6 217.27	6 342.24	6 405.66	6 469.72
CF2	5 044.88	5 146.28	5 249.72	5 355.24	5 462.88	5 572.69	5 628.41	5 684.70
CF1	4 432.75	4 521.85	4 612.74	4 705.45	4 800.03	4 896.51	4 945.48	4 994.93

GENERAL ADMINISTRATION

	Step 1	Step 2	Step 3	Step 4	Step 5	Step 6	Step 7	Step 8
GA10	9 074.28	9 256.67	9 442.73	9 632.53	9 826.14	10 023.65	10 123.88	10 225.12
GA9	8 052.96	8 214.82	8 379.94	8 548.38	8 720.20	8 895.48	8 984.43	9 074.28
GA8	7 146.59	7 290.24	7 436.77	7 586.25	7 738.74	7 894.28	7 973.23	8 052.96
GA7	6 342.24	6 469.72	6 599.76	6 732.41	6 867.74	7 005.78	7 075.83	7 146.59
GA6	5 628.41	5 741.55	5 856.95	5 974.68	6 094.77	6 217.27	6 279.44	6 342.24
GA5	4 994.93	5 095.33	5 197.75	5 302.22	5 408.80	5 517.51	5 572.69	5 628.41
GA4	4 302.38	4 388.86	4 477.08	4 567.07	4 658.86	4 752.51	4 800.03	4 848.03
GA3	3 705.85	3 780.34	3 856.33	3 933.84	4 012.91	4 093.57	4 134.50	4 175.85
A2	3 288.76	3 354.86	3 422.29	3 491.08	3 561.25	3 632.83	3 669.16	3 705.85
GA1	2 918.61	2 977.27	3 037.11	3 098.16	3 160.43	3 223.96	3 256.20	3 288.76

출처 : OECD Staff Rules and Regulations(2024.7)

4. 처우 및 후생 복지

OECD는 일과 삶의 균형을 중시하며, 직원들이 시간제 근무, 재택 근무, 유연 근무제 등을 비교적 자유롭게 선택할 수 있도록 지원한다. 이 외에도 교육 기회(온라인 강좌, OECD 주최 컨퍼런스 및 워크숍 참가)와 건강 증진(구내 체육관 및 피트니스 시설 이용) 기회를 제공하려고 노력하고 있다.

직급별 처우 및 후생 복지 관련 상세 내용은 아래와 같다.

① 정규직

· 대부분의 회원국에서는 OECD 급여에 대해 소득세가 면제된다. 다만, 일부 국가(미국, 캐나다 등) 출신 직원은 소득세가 부과될 수 있다.

· 연간 30일의 연차 휴가가 제공되며, OECD 본부가 위치한 프랑스의 공휴일을 준수한다. 또한, 연말에는 약 1주일간의 공식 휴무가 주어진다.

· 포괄적인 의료 보험이 제공되며, 유급 육아 휴가와 유급 병가가 보장된다. 의료 보험은 직원과 그 부양가족을 모두 포함한다.

· 가족 수당 및 교육 수당이 제공되며, 이는 직원별로 상이할 수 있다.

· 외국 주재 수당, 귀국 휴가, 이사 비용 등이 지원되며, 이는 직원별로 다를 수 있다.

· 10년 미만 근무 직원에게는 퇴직 수당이 지급되며, 10년 이상 근무 직원에게는 퇴직 연금이 지급된다.

· 신입 직원을 대상으로 적응 및 정착을 지원하는 Onboarding 프로그램이 제공된다.

OECD는 특별히 Young Associates에 대한 보수 및 복지를 다음과 같이 규정하고 있다.

· 월 급여 3,700유로, 프랑스 소득세 면제
· 24개월 근무 기준으로 약 23,000유로의 퇴사 수당 지급
· 종합 의료 보험, 국외 파견 수당 및 자택 휴가 제공
· 1개월 급여에 해당하는 installation allowance 지급
· 프로그램 종료 시 파리로의 출국 및 귀국 항공권 제공

② 임시직

· 임시직의 보수는 과세 대상이며, 약 16% 정도가 질병, 장애, 연금 등을 위한 사회 기여금으로 공제된다.
· 임시직원은 프랑스 사회보장제도에 가입되며, OECD 상호 보완 시스템(OECD mutual system)을 통해 추가적인 보장이 제공된다.
· 연차 휴가는 매월 full-time 근무 시 근무 일수 기준으로 2.5일이 주어지며, 프랑스 공휴일을 준수한다.

③ 인턴

· 매월 약 1,000유로의 생활비 보조금이 지급된다.
· 연차 휴가는 매월 full-time 근무 시 근무 일수 기준으로 2.5일이 주어지며, 프랑스 공휴일을 준수한다.

5. 한국인 채용 현황

2024년 8월 기준, 준독립기구를 포함한 OECD 전체 인원은 약 4,400명이며, 이 중 한국인 직원 수는 120명으로 전체의 약 2.7%를 차지하고 있다. 전체 한국인 직원 중 정규직은 81명, 임시직은 14명, 관련직(인턴 및 Person on loan)은 25명이다.

한국인 직원 수는 2019년 약 60명에 불과했으나, 약 5년 만에 두 배 가까이 증가하는 등 OECD 내 한국인 진출이 꾸준히 증가하고 있다.

한국인은 사무국 내 대부분의 국(Directorates) 및 센터에 진출해 있으며, 직급과 분야도 매우 다양하게 분포되어 있다. 특히, 한국인 중에서는 국제교통포럼(ITF)의 김영태 사무총장이 최고위직(EL3)으로 근무 중이다.

What is the most important principle of the OECD when recruiting staff from diverse national backgrounds?

The OECD seeks to attract applications from candidates from all of our Member countries to maintain its multicultural and international character. With a diverse workforce encompassing individuals from our 38 Member countries, we enhance the breadth and relevance of our advice. This diversity enriches our perspectives, ensuring our ability to address global challenges effectively.

While consideration is given to nationality during the recruitment process the selection is primarily merit based. Therefore, skills, qualifications and experience are key aspects in finding staff of the highest standards of competence and integrity.

Describe some of the key measures the OECD is currently implementing to observe the principle or strategy mentioned above.

The recruitment and selection of new staff is primarily merit based. Therefore, we employ a competency-based approach to interviewing which supports the standardised, objective, fair and transparent evaluation of candidates. Competency-based interviews consider how a candidate has approached situations and applied behaviours and skills in past experiences. They are based on the premise that past behaviours are a strong indicator of future performance.

The OECD's commitment to promoting diversity, including in terms of nationality, is structured within the OECD Diversity and Inclusion Framework, which outlines the Organisation's holistic approach to diversity and inclusion. This framework identifies priority action areas to advance D&I, including efforts to broaden the geographical representation of staff.

To learn more about these initiatives, you can refer to the OECD's 2024 Annual Diversity and Inclusion Report.

What are the OECD's main criteria for reviewing résumés and interviewing applicants? Could you provide some sample questions asked during the interview?

When reviewing applicants' résumés and motivation letters, the most important aspect being considered is the match between the candidate's experience, skills and competencies and the requirements of the role. The primary focus is on assessing whether the candidate has the potential to perform well in the vacant role.

The OECD values relevant experience in the specific area of expertise related to the role. Experience in a multicultural work environment is also an advantage, as the OECD operates in a diverse international setting.

While educational background is important, our emphasis is on a holistic view of the candidate's overall qualifications, professional experience, and the ability to adapt and excel in the role.

When interviewing candidates, the OECD uses the Core Competency Framework that describes behavioural and leadership excellence in the Organisation. In the interview, core competencies are assessed, in conjunction with other relevant factors, to determine the ability of a candidate to perform in the role. Candidates are expected to demonstrate the appropriate behaviours as well as technical skills, knowledge, experience and expertise to be successful. The Framework is designed to support understanding as well as consistent, fair, objective and transparent decision making across different HR processes. It is the cornerstone of recruitment processes.

When preparing for an interview it is recommended to research on how to prepare for competency-based interviews.

Does the OECD have any recruitment programs you would recommend for applicants in their twenties(early career stages) who do not have much work experience?

Internship Programme

The Internship Programme is designed to bring highly qualified and motivated students with diverse backgrounds into the Organisation to work on projects linked to the Strategic Orientations of the Secretary-General and to support the corporate functions of the Organisation. Its main goal is to give successful candidates the opportunity to improve their analytical and technical skills in an international environment.

Internships are open for students who :

- Are enrolled in a full-time degree programme for the duration of the internship ;
- Are available for a minimum internship duration of one month;
- Have an excellent command of one of the two official languages of the OECD(English or French)
- Possess solid quantitative and IT skills ;
- Demonstrate excellent drafting and communication skills ;
- Are capable of working in a multicultural and international team environment.

The Programme is open for applications on an on-going basis and throughout the year.

Young Associates Programme

The OECD Young Associates Programme(YAP) is a 24-month programme aimed to recruit recent undergraduates who aspire to gain professional experience within an international network of policy makers. The YAP specifically targets individuals who plan to pursue an advanced academic degree in the near future and who wish to gain experience. Young Associates work closely with analysts and economists tackling some of the most challenging social and economic global issues of today and are mentored by a senior manager who guide their professional development.

The YAP 2025-2027 round is expected to open in November-December 2024.

To be eligible for the YAP 2025-2027 round, candidates will be required to :

- Obtain a Bachelor's or equivalent degree between 1 January 2024 and 1 September 2025 . Applications from candidates who already hold or are enrolled in a Master's, PhD, or equivalent degree are not considered ;
- Hold the nationality of an OECD Member country ;
- Demonstrate overall academic achievement with a minimum Grade Point Average(GPA) of 3.0 out of a 4.0 scale ;
- Show evidence of being able to work constructively in a team ;
- Have fluency in one of the two OECD official languages(English and French) ;
- Demonstrate the ability to contribute as a Young Associate in the area of work, as well as demonstrate motivation to pursue a graduate degree in a relevant field after completing the Programme.

You can refer to our career website or Internship and YAP brochures for more information.

Junior Professional Officer(JPO) Programme

The Junior Professional Officer(JPO) Programme is an ideal entry-level recruitment opportunity for young professionals interested in pursuing a career at the OECD or other international organisations, by leveraging their technical knowledge along with their drafting, analytical and presentation skills.

The Programme is open to individuals who :

- Hold the nationality of a participating Member country ;
- Possess at least 2 years of relevant professional experience ;
- Have fluency in one of the two OECD official languages(English and French).

You can refer to the website of the Korean Ministry of Foreign Affairs for more information.

Are there any special comments or advice for Korean candidates interested in applying for future job vacancies at the OECD?

1) Understand the OECD's Mission : Familiarise yourself with the OECD's mission and projects by following current events, trends, and developments in public policy globally and in Korea. Follow reputable sources, read academic journals, to deepen your understanding of policy issues and their implications. Refer to the OECD website for more information about OECD publications, reports and policy recommendations.
2) Tailor your Application : Since recruitment is highly competitive, focus on crafting a compelling CV and motivation letter. Ensure

your experience, skills, competencies, and tools align with those indicated in the job description and that actions are linked to specific outcomes, improvements, or successes. Provide clear context to highlight the relevance of your experience and achievements.

3) Prepare for Assessment : Reflect on your motivation, background and potential contributions. Review the job description and the core competencies required for the role. Practice competency-based interview techniques, such as STAR or CAR, using concrete examples from your past experiences. Refer to the OECD's Core Competency Framework and OECD's practical interview guide for candidates for more details.

⑩ ASEAN+3 거시경제조사기구(AMRO)

AMRO 알아보기

1. 연혁 및 현행 조직

ASEAN+3 거시경제조사기구(AMRO: ASEAN +3 Macroeconomic Research Office)는 2011년에 설립되었으며, 2016년에 AMRO 협정 비준에 따라 공식적인 국제기구로서의 지위를 획득하였다.

AMRO 설립의 주요 이정표를 요약하면 다음과 같다.[1]

연도	월	주요 사건
2009	2	아세안+3 재무장관 회의, 역내 독립적 거시경제 감시기구 창설 결정
2011	4	AMRO의 설립(싱가포르 위치, 싱가포르 상법상 유한회사)
	5	AMRO의 운영 개시

1 Trauma to Triumph : Rising from the Ashes of the Asian Financial Crisis(https://amro-asia.org/trauma-to-triumph-rising-from-the-ashes-of-the-asian-financial-crisis/) 776쪽 참고

연도	월	주요 사건
2012	5	아세안+3 재무장관·중앙은행총재 회의, AMRO의 국제기구 전환 가속화 지시
	9	조약 초안 작성을 위한 실무급 논의 시작
2013	5	아세안+3 재무장관·중앙은행총재 회의, AMRO의 국제기구 전환 합의
	11	AMRO 협정 초안에 대한 합의
2014	10	아세안+3 회원국 당국의 AMRO 협정 서명. 아세안+3의 AMRO 협정 비준을 위한 국내 절차 개시
2016	2	AMRO 국제기구 전환

역내 금융 협력 최초로 국가 차원의 조약에 의해 설립된 AMRO는 ① 거시경제 감시 활동(거시경제 전망 및 위험 동향 점검), ② 금융 협정 지원(CMIM 및 RFA 운영 지원), ③ 기술 지원 제공(파견, 컨설팅, 연구, 교육 훈련 프로그램) 등을 수행하고 있다.

① AMRO는 거시경제 감시 활동을 통해 역내 국가의 경제 상태를 면밀히 분석하고, 리스크를 조기에 감지하여 회원국들에게 적절한 정책 제안을 제공하는 역할을 한다. 정기적으로 지역 및 개별 국가별 경제 보고서(지역 경제 전망 보고서, 금융 안정 보고서 등)를 발간하고, 금융 디지털 전환, 기후 변화, 인구 고령화 등 지역의 새로운 관심사에 대한 주제별 연구를 수행함으로써 경제 회복력과 안정에 기여하고 있다.

② 또한, AMRO는 CMIM을 포함한 역내 RFA의 효과적인 운영을 지원하는 데 중요한 역할을 하고 있다. 회원국들과 협력하여 CMIM 운영을 강화하고, 새로운 재원 구조를 개발하는 등 역내 금융 안정을 위해 노력하고 있다.

③ 더불어, 회원국들이 경제 분석 능력을 강화하고 정책 이행 역량을

높일 수 있도록 기술 지원을 제공하고 있다(교육 및 훈련 프로그램 운영, 컨설팅, 연구 등). 또한, 회원국과 다른 국제기구 간의 지식 공유 활동도 활발히 수행 중이다.

2024년 1월부터는 효율성과 일관성 제고를 위해 아세안+3 재무회의에 대한 사무국 역할도 강화하여, 절차, 정책, 기술 지원 등을 제공하고 있다.

AMRO는 독립적이고 전문성을 갖춘 지역 기구로서, 아세안+3 회원국들에게 신뢰받는 정책 조언자이자 글로벌 역량을 갖춘 지식 리더로서의 역할을 정립하고자 노력하고 있다.

AMRO는 싱가포르에 본부를 두고 있으며, 집행위원회, 운영조직(소장), 자문단으로 구성되어 있다. 아세안+3 재무차관, 중앙은행 부총재, 홍콩 통화관리국 부총재 등 27명으로 구성된 집행위원회는 AMRO의 전략 및 정책 방향을 설정하고, AMRO 소장 및 자문위원을 임명하는 역할을 맡고 있다.

소장은 AMRO의 최고 책임자로서 조직, 인사, 그리고 AMRO의 전반적인 성과에 대한 책임을 지고 있으며, AMRO의 고위 경영진은 소장, 3명의 부소장, 수석 경제학자로 구성된다.

자문단은 집행위원회가 임명한 6명의 위원으로 구성되어 있으며, 정기 회의를 통해 AMRO에 전략적, 기술적, 그리고 전문적인 자문을 제공하는 역할을 수행하고 있다.

2. AMRO 조직도

('24.8. 기준)

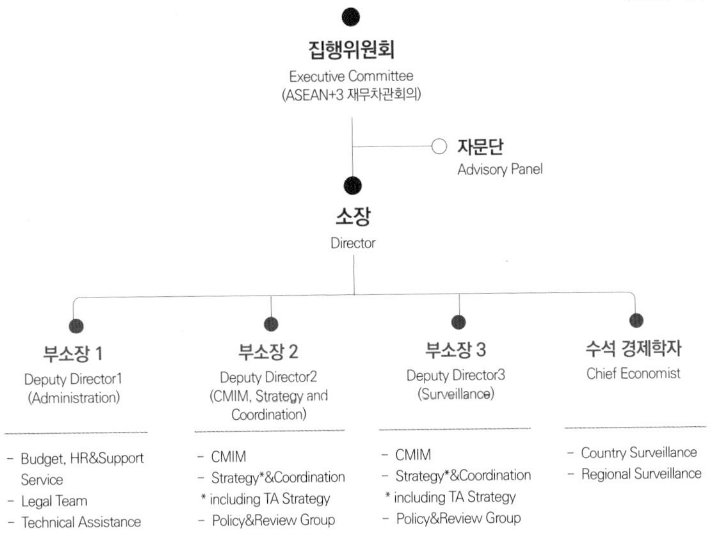

Deputy Director 1은 행정(인사, 예산, ICT, 법무) 및 TA 운영을 관리하고 있다. 특히 BHRS(Budget, HR & Support Service) 그룹은 예산, 재무, 인사, 조달, 행정, ICT 등 AMRO 운영을 위한 전반적인 업무를 총괄하고 있으며, 법무팀은 법률 관련 업무를, TA팀은 기술 지원 제공 업무를 담당하고 있다. 참고로, AMRO는 역내 거시경제 및 금융 회복력과 안정성 제고에 기여하고자 2022년에 AMRO 2030 전략 방향을 발표했는데, 이 전략 방향을 달성하기 위한 중요한 수단으로 '기술 지원 제공(TA)'을 제시한 바 있다.

Deputy Director 2는 CMIM의 운영, 전략·조정, 정책·검토, TA 전략 등을 담당하고 있다. CMIM 지원 그룹은 CMIM의 절차를 관리하고 규정을 개선하는 업무를 맡고 있으며, 전략·조정 그룹은 AMRO의 중장기 조직 및 운영 전략(소통 전략, 파트너십 등)과 기획, 조직 평가, 아세안+3 재무트랙 사무국 지원을 담당하고 있다. 정책·검토 그룹은 감시 보고서의 검토 업무를 수행하고 있다.

Deputy Director 3은 금융 및 재정 감시와 거시 금융 연구 업무를 수행하고 있으며, Chief Economist는 국가 및 지역 감시 업무를 담당하고 있다. 이들은 아세안+3 지역 및 회원국의 경제 상황을 지속적으로 모니터링하고 분석하며, 주제별 연구를 통해 경제 성장과 금융 안정성에 대한 리스크를 파악하여 관련 정책 권고안을 제공하는 역할을 수행하고 있다.

AMRO에서 근무하기

1. 직원 모집 방식(정보 취득 경로, 진출 경로) 등 채용 정책

AMRO는 아세안+3 지역의 거시경제 및 금융 회복력과 안정에 기여하는 미션을 달성하기 위해 유능한 전문가를 채용하고자 노력하고 있다. 싱가포르에 본사를 둔 AMRO는 'International Positions(professional staff positions)'과 'Local Positions(corporate staff positions)'으로 채용을 진행하고 있으며, International Positions의 경우, 글로벌 인재 풀을 활용하여 높은 수준의 전문성을 갖춘 지원자를 채용하고자 한다. Local Positions의 경우, 주로 싱가포르에서 채용이 이루어진다.

AMRO의 채용 절차는 개방적이고 투명하며 능력에 기반하여 진행된다. 지원자는 자격, 경험, 그리고 조직의 목표와 기대 직책에 기여할 수 있는 능력을 철저히 평가받아 선발된다. 또한, AMRO는 구성원의 지역적 대표성과 직원 다양성에 중점을 두며, 포용적인 환경 조성을 목표로 하고 있다. International Positions의 경우, 일반적으로 지원서 검토 및 최종 후보자 선정, 두 차례의 면접과 필기 시험 등 다양한 단계를 통해 지원자를 평가한다.

AMRO는 홈페이지를 통해 입사 지원서를 접수하며, 모든 채용 공고는 가시성과 홍보 강화를 위해 'LinkedIn', 'UNjobnet', 'eFinancial-Careers' 등 다양한 취업 포털과 소셜 미디어 채널에 광고 및 재게시된다. 지원자는 기본적인 이력서, 자기소개서(학력 및 경력 설명 등), 추천인 정보 등 관련 서류를 AMRO 입사 지원 페이지를 통해 제출해야 한다.

2. 직원 모집 분야

AMRO의 채용은 거시경제 감시, 아세안+3 지역금융협정(RFA) 지원, 기술 지원(TA) 제공이라는 세 가지 핵심 기능에 집중되어 있다. 이에 따라, 거시경제, 국제금융 및 관련 분야에 대한 깊은 전문성을 갖춘 전문가를 우선적으로 채용하고 있으며, 특히 통화 정책, 재정 정책, 부채 관리, 금융 부문 분석에 대한 수요가 높다. 또한 AMRO는 기후 변화, 금융 디지털화(FinDig), 경제 모델링과 같은 새로운 분야에 대한 전문성도 중요하게 보고 있다.

이 외에도 법무, 파트너십, 커뮤니케이션, 인사, ICT, 재무 등 다양한 분야의 전문가를 적극적으로 찾고 있다.

3. 보수(등급별 보수표), 직급 체계, 처우, 후생 복지 등

AMRO는 국제적이고 우수한 인재를 유치하기 위해 경쟁력 있는 보수를 제공하고 있다. AMRO의 보상 체계는 글로벌 시장을 기준으로 설계되었으며, 자격을 갖춘 직원에게는 종합 의료 보험, 주택 지원, 교육 지원, 은퇴 계획, 자기개발 보조금, 장기 근속 수당 등을 포함한 다양한 복리 후생이 제공된다.

AMRO는 조직 내 역할, 경력, 책임 수준에 따라 직급 체계를 분류하고 있으며, 이는 급여, 복리 후생, 경력 발전 기회를 결정하는 기준으로 활용되고 있다.

4. 한국인 채용 현황

AMRO는 다양한 국적, 배경, 경험을 가진 인재들과 함께하는 포용적인 환경을 조성하기 위해 지속적으로 노력하고 있다. 한국인 직원은 AMRO 전체 직원의 11%를 차지하며, 이는 아세안+3 지역 내에서 한국의 높은 입지를 반영하고 있다. 앞으로도 AMRO는 다양하고 활기찬 조직 문화를 조성하기 위해 글로벌 인재를 적극적으로 채용할 예정이다.

AMRO 인사담당자로부터 알아보기

AMRO는 다양한 직무에 따라 폭넓은 채용 기회를 제공하고 있다. AMRO에 입사하는 경우, 정책 입안자, 공무원, 학계 및 업계 전문가들과 주로 협업하며, 아세안+3 지역의 거시경제 및 금융 안정과 관련된 경력을 쌓을 수 있다.

AMRO의 면접 절차는 해당 분야에 대한 전문성과 빠르게 변화하는 환경에서의 근무 적합성을 모두 평가할 수 있도록 구성되어 있다. 일반적인 면접 절차는 다음 단계로 이루어진다.

1. 사전 심사

채용 공고가 마감되면 인사팀에서 모든 지원서를 대상으로 1차 심사를 실시하여 지원자가 최소 요건을 충족하는지 확인한다. 이후 면접위원이 최종 후보자 선정 절차를 진행하며, 특정 직무 요건과 관련하여 지원자의 자격을 평가한다. 최종 후보로 선정된 지원자와 면접을 진행하며, 면접위원은 일반적으로 채용 담당자, 관련 부서의 선임 직원 2~3명, 그리고 인사 책임자로 구성된다.

2. 1차 인터뷰

최종 후보로 선정된 지원자는 Technical Questions와 Behavioural Questions으로 구성된 1차 면접을 보게 된다.

- **Technical Questions** : 직무와 관련된 분야에 대한 전문성을 평가하는 데 중점을 두며, 이코노미스트 직군의 경우 통화, 재정, 국제수지, 금융 부문 문제와 일부 국가별 이슈에 대한 지식을 평가하는 질문이 출제된다. 또한, 지원자의 분석 능력과 복잡한 문제를 논리적이고 체계적으로 전달할 수 있는 능력을 중점적으로 평가한다.
- **Behavioural Questions** : 지원자의 문제 해결 능력과 AMRO 내에서의 문화적 적합성을 평가하며, 주로 과거 업무 경험, 직면한 과제, 그리고 지원자가 팀 내에서 협업하는 방식에 초점을 맞추어 진행된다.

3. 필기 시험

1차 면접을 통과한 지원자는 기술 지식, 분석 능력, 전문 작문 능력을 추가로 평가하기 위해 1시간 동안 필기 시험을 치르게 된다.

4. 2차 인터뷰

선발된 지원자는 AMRO의 고위 경영진과의 2차 면접을 진행하게 된다. 후보자는 20분간 프레젠테이션을 한 후 고위 경영진과의 질의응답 세션을 진행하며, 2차 인터뷰에서는 전문 지식과 대인 관계 능력 등을 함께 평가한다. 이 과정에서 지원자가 AMRO의 조직 목표와 업무 환경에 전반적으로 적합한지 여부를 중점적으로 본다. 합격 발표는 통상 2차 면접 후 몇 주 이내에 통보된다.

AMRO 면접 준비를 위한 팁은 다음과 같다.

- **AMRO의 미션 이해** : AMRO의 미션은 감시, 지역 금융 협약 지원, 기술 지원, 역내 지식 허브 역할, 그리고 아세안+3 금융 협력 촉진을 통해 역내 거시경제 및 금융 회복력과 안정에 기여하는 것이다. AMRO의 미션을 이해하면, 지원자가 자신의 전문성과 경험이 AMRO의 임무에 어떻게 기여할 수 있는지 설명하는 데 도움이 될 것이다.
- **전문 지식** : 지원자는 특히 거시경제 감시, 역내 금융 협약 지원, 기술 지원 제공이라는 AMRO의 세 가지 핵심 기능과 관련하여 자신의 전문성을 입증해야 한다.
- **대인 관계 능력** : 지원자는 전문 지식과 함께 소통, 팀워크, 적응력 등 대인 관계 능력을 보여줘야 한다. AMRO에서 일할 경우, 다양한 문화적 배경을 가진 동료들과 함께하게 될 것이므로 이들과 효과적으로 협업할 수 있는 능력이 필수적이다. 이러한 환경에서 성공적으로 일했던 사례를 공유하는 것도 큰 도움이 될 것이다.

⓫ 녹색기후기금(GCF)

GCF 알아보기

1. 연혁 및 현행 조직

녹색기후기금(GCF: Green Climate Fund)의 설립 논의는 2009년 제15차 기후변화협약 당사국총회(COP15, 덴마크 코펜하겐)에서 시작되었으며, 2010년 제16차 기후변화협약 당사국총회(COP16, 멕시코 캉쿤)에서 GCF 설치에 합의하였다. 2012년 제18차 기후변화협약 당사국총회(COP18, 카타르 도하)에서 한국이 GCF 사무국 유치국으로 결정되었다.

GCF가 한국에 유치될 수 있었던 이유는 국제 사회에서 기후 변화 관련 리더십을 보여줬기 때문이다. 구체적으로, 2010년 서울에서 개최된 G20 정상회의 합의문에 "녹색성장의 확산을 지지한다"는 문구를 포함시켜 녹색 성장을 국제 사회의 주요 아젠다로 만들었다. 또한, 한국 주도로 설립한 글로벌녹색성장연구소(GGGI: Global Green Growth Institute)를 2012년에 국제기구화하는 등 녹색 성장의 국제적 확산에 기여하였다.

2012년에 GCF 본부 유치가 확정된 후, 2013년 12월에 GCF 본부가 출범하였다. GCF 본부 유치는 한국이 국제 사회의 기후 대응 중심지 역할을 수행하는 데 기여하고 있다. 실제로 GCF 본부 유치는 UN CTCN 지역사무소(기후기술센터네트워크, 국가 간 기후 변화 대응 기술 협력을 전담하는 UN 산하기구로, 전 세계에서 유일하게 한국에 지역사무소 개소), ADB K-hub(기후 분야 네트워크 거점이자 싱크탱크 역할 수행 예정) 유치로 이어졌다.

GCF 출범 이후, 초기 재원 보충 93억 달러, 1차 재원 보충 99억 달러, 2차 재원 보충 128억 달러를 달성하였다. 한국은 초기 재원 보충 당시 1억 달러, 1차 재원 보충에서는 2억 달러, 2차 재원 보충에서는 3억 달러 공여를 약속하는 등 GCF에 대한 기여를 점차 확대하고 있다.

GCF는 사업을 직접 수행하는 것이 아니라, 전문성과 현지 이해도가 높은 기관이나 기구를 인증기구(Accredited Entities)로 지정한 후, 이들을 통해 사업 개발을 추진한다. 2024년 9월 기준으로 총 134개 기관이 인증기구로 지정되어 있으며, 한국에서는 산업은행, 한국국제협력단(KOICA), SK증권이 인증기구로 지정받았다. 이러한 사업 수행 체계 아래, GCF는 2024년 7월 기준으로 총 270개, 587억 달러 규모의 프로젝트를 승인하였으며, 승인된 프로젝트에 총 150억 달러를 투자할 계획이다.

한국의 인증기구가 GCF 사업을 승인받는 사례도 점차 확대되고 있다. 산업은행은 2016년 인증기구로 승인된 이후, 인도네시아 산업계 에너지 효율개선 프로그램(1.4억 달러, 2022년 10월 승인), 캄보디아 기후금융 지원 프로그램(1.1억 달러, 2024년 3월 승인), 기후테크기업 해외 진출 지원 프로그램(2.2억 달러, 2024년 7월 승인) 등 총 3건의 사업을 승인받았다. 프로그램 규모는 점차 확대되고 있으며, 사업 구성도 보다 다양해지는 추세이다.

한편, 기후 위기가 인류 생존을 위협하는 시급한 과제로 떠오르면서 GCF는 효율적인 조직 운영을 위해 내부 개혁에도 힘쓰고 있다. GCF는 2030년까지 500억 달러를 효율적으로 운영하겠다는 '50 by 30 비전'을 발표하고, 개도국 지원을 보다 효과적으로 추진하기 위해 효율적인 GCF(Efficient GCF)를 달성하려고 노력 중이다. 이를 위해 조직의 효율적 구성, GCF 자금 접근성 제고, 사업 진행 절차 간소화 등 여러 개혁 방안을 마련하고 있다.

GCF 개혁 조치의 일환으로, 2024년 9월 GCF는 조직 구조를 개편하였다. 증거 기반의 전략과 정책 수립, 지역·국가 중심의 사업 수행, 운영·재무·리스크 관리의 효율화를 도모하기 위해 4개 실 중심으로 조직을 개편하였다. Chief Strategy & Impact Office는 증거 기반의 전략 수립을 통해 영향 극대화를 목표로 하며, Chief Investment Office는 지역·국가 중심의 효율적인 투자 전략을 마련한다. 또한, Chief Operating Office와 Chief Finance & Risk Office는 효율적인 조직 관리를 지원할 예정이다.

2. GCF 조직도

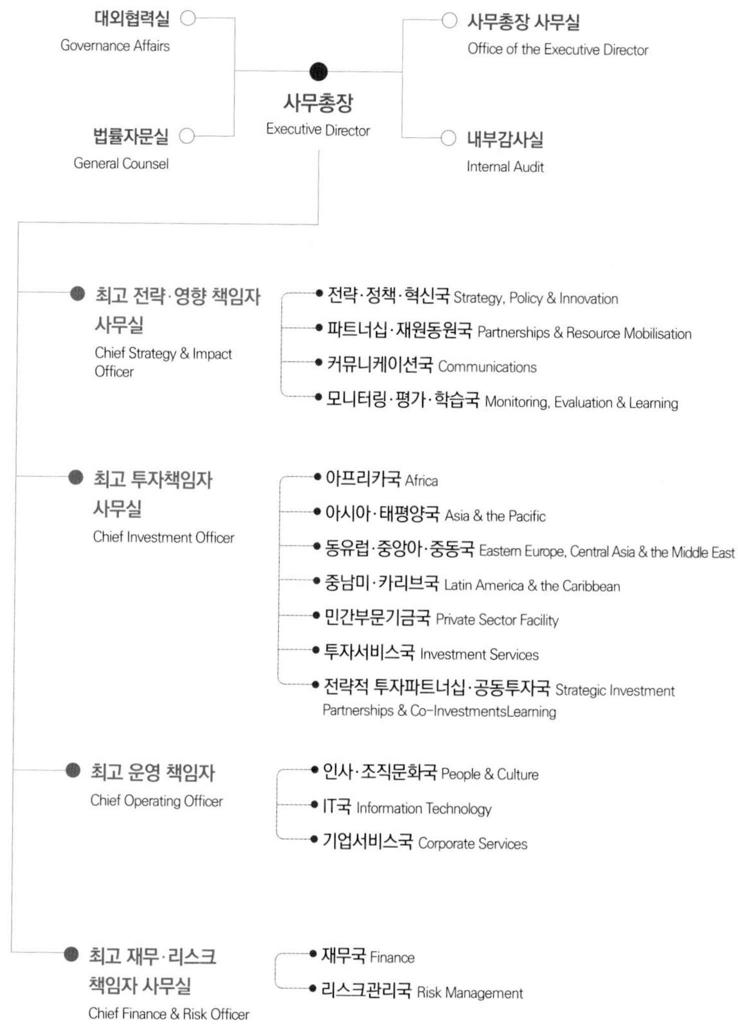
대외협력실
Governance Affairs
법률자문실
General Counsel
사무총장
Executive Director
사무총장 사무실
Office of the Executive Director
내부감사실
Internal Audit
최고 전략·영향 책임자 사무실
Chief Strategy & Impact Officer
전략·정책·혁신국 Strategy, Policy & Innovation
파트너십·재원동원국 Partnerships & Resource Mobilisation
커뮤니케이션국 Communications
모니터링·평가·학습국 Monitoring, Evaluation & Learning
최고 투자책임자 사무실
Chief Investment Officer
아프리카국 Africa
아시아·태평양국 Asia & the Pacific
동유럽·중앙아·중동국 Eastern Europe, Central Asia & the Middle East
중남미·카리브국 Latin America & the Caribbean
민간부문기금국 Private Sector Facility
투자서비스국 Investment Services
전략적 투자파트너십·공동투자국 Strategic Investment Partnerships & Co-InvestmentsLearning
최고 운영 책임자
Chief Operating Officer
인사·조직문화국 People & Culture
IT국 Information Technology
기업서비스국 Corporate Services
최고 재무·리스크 책임자 사무실
Chief Finance & Risk Officer
재무국 Finance
리스크관리국 Risk Management

GCF에서 근무하기

1. 직원 모집 방식(정보 취득 경로, 진출 경로) 등 채용 정책

GCF는 다양한 배경과 국적을 가진 인재를 채용하며, 채용된 직원들이 공공, 민간, 시민사회, 그리고 국가, 지역, 세계 수준의 여러 파트너들과의 접촉을 넓혀 성장을 도모할 수 있도록 노력하고 있다. GCF의 채용 방식은 크게 International Jobs, Local Jobs, Internships, Consultants 네 가지로 구분된다. 채용 공고와 지원 방식 등은 GCF CAREERS 홈페이지(https://jobs.greenclimate.fund)에서 확인할 수 있다. GCF는 연말에 별도의 채용 절차를 진행하는 인턴십을 제외하고, 직위별로 수시 채용을 실시하므로, 홈페이지에 게시된 Job Description을 꼼꼼히 확인해야 한다.

① International Jobs(IS 직급)

International Jobs는 모든 국적의 사람들이 지원 가능하다. 일반적으로 석사 학위 이상을 요구하지만, 일부 직위의 경우 학사 학위와 관련 경력을 보유한 경우에도 채용이 이루어질 수 있다. 직원 모집 분야로는 프로젝트 담당, ICT, 법률, 리스크 관리(Risk Management), 재무(Finance) 등 GCF 업무 전반에 걸쳐 수시 채용이 이루어지고 있다.

② Local Jobs(AS 직급)

Local Jobs는 GCF의 행정 및 운영 업무를 담당한다. 학력 요건은 International Jobs와 동일하게 일반적으로 석사 학위 이상이 요구되며, 일부 경우에는 학사 학위와 관련 경력을 보유한 지원자가 채용될 수 있다.

③ Internships(인턴십)

GCF는 국적에 상관없이 젊고 유능한 인재에게 GCF에서 근무할 기회를 제공하기 위해 인턴십 프로그램을 운영 중이다. 학력 조건은 석사 또는 박사 과정에 재학 중이거나, 공고 시점 기준으로 최근 졸업한 자여야 한다. 전공은 GCF의 업무 영역과 관련되어야 하며, 영어 능력이 우수해야 한다.

일반적으로 12월에 채용 공고가 올라오며, 다음 해 1월 초까지 지원을 받는다. 2월부터 5월까지 GCF 내부 절차를 거쳐 최종 선발된 인턴은 일반적으로 7월부터 근무를 시작한다(구체적인 근무 시작일은 채용 분야별로 상이할 수 있음).

채용 과정은 다음과 같다. 첫째, 철저한 CV 검토로 절차가 시작된다. 둘째, CV 검토를 통과한 후보자는 온라인 화상 인터뷰 또는 작문 능력 평가를 거치며, 경우에 따라 두 가지가 병행되기도 한다. 셋째, 약 30분 정도의 패널 인터뷰를 통해 최종 채용 여부가 결정된다.

④ Consultants(컨설턴트)

GCF는 전문적인 업무 수행을 위해 다양한 배경과 기술을 보유한 전문가를 컨설턴트로 채용하기도 한다.

2. 보수와 후생 복지

급여는 동종 업계 수준을 고려하여 결정되며, 면세 혜택, 건강 보험, 퇴직연금, 부양수당 등이 추가로 제공된다. 일반적인 업무를 수행하는 IS(International Staff)의 급여는 미화(USD)로 지급되며, 행정 업무를 담당하는 AS(Administrative Staff)의 급여는 원화로 지급된다. IS로 근무할 경우 이주 비용, 교육비, 유연 근무 등이 추가로 지원된다. 2023년 기준 직급 및 보수 체계는 아래와 같다.

① IS (International Staff)

(단위: USD)

직급	최소	중간	최대
IS9	252,390	302,870	353,380
IS8	220,870	265,060	309,210
IS7	189,390	227,290	265,120
IS6	163,790	196,500	229,280
IS5	138,750	166,480	194,210
IS4	123,770	145,450	167,090
IS3	104,000	122,220	140,370
IS2	91,970	105,800	119,530
IS1	83,200	91,520	99,840

② AS (Administrative Staff)

(단위: 원)

직급	최소	중간	최대
ASD	53,220,000	76,070,000	98,920,000
ASC	43,830,000	62,620,000	81,410,000
ASB	38,680,000	55,210,000	71,740,000
ASA	32,440,000	46,340,000	60,240,000

GCF 인사담당자로부터 알아보기

What is the most important principle of the OECD when recruiting staff from diverse national backgrounds?

At GCF, a core principle in our recruitment process is the promotion of inclusivity and diversity, particularly in attracting talent from diverse national backgrounds. This commitment underscores our dedication to valuing varied perspectives, experiences, and skill sets, and fostering a culture of respect and equal opportunity for all individuals, regardless of their nationality. As part of this effort, GCF has actively sought to recruit staff from different nationalities. As a result, we are proud to have achieved a workforce that represents 77 nationalities across our over 300 employees—a significant milestone in our ongoing diversity initiatives.

Describe some of the key measures your institution is currently taking to observe such principle or strategy mentioned above.

- **Inclusive Hiring Practices** : We ensure that all job postings and recruitment materials are free from bias and encourage applicants from diverse backgrounds. We also use standardized interview processes to ensure fairness and objectivity in candidate selection.
- **Global Talent Sourcing** : We actively seek talent from a wide range

of geographic regions, using global job boards, international recruitment agencies

- **Bias Awareness and Training** : We organize the interview trainings for all hiring managers and panel members to recognize and mitigate unconscious biases, ensuring that all candidates are evaluated based on their skills, qualifications

What are your institution's main criteria of reviewing resumes and interviewing applicants?

When reviewing resumes and conducting interviews with applicants, we adhere to a structured and systematic evaluation process designed to assess candidates against several key criteria. This approach ensures that we identify individuals who not only possess the necessary qualifications but also align with our institution's values and objectives. The primary criteria we focus on include:

Education and Qualifications

- **Degree Requirements** : We verify that candidates possess the requisite educational credentials, including specific degrees and certifications relevant to the position.
- **Field of Study** : Emphasis is placed on the relevance of the candidate's academic background to the job description, ensuring that their educational experience directly supports the responsibilities of the role.

Experience

- **Relevant Work History** : We evaluate the depth and breadth of a candidate's work experience, emphasizing positions that relate directly to the responsibilities of the position for which they are applying.
- **Demonstrated Impact** : Candidates are assessed based on their contributions and achievements in previous roles, providing insight into their potential to add value to our organization.

Skills and Competencies

- **Technical Proficiency** : We assess candidates for their proficiency in essential tools, software, and methodologies that are critical to the job. This includes both industry-standard technologies and any specialized tools relevant to the role.
- **Soft Skills Evaluation** : In addition to technical skills, we focus on key interpersonal competencies such as communication, teamwork, problem-solving, and leadership abilities.

Does your institution have any recruitment program you would like to recommend for the applicants in their twenties without much work experience?

For the young professional, we invite them to consider our esteemed internship program, which serves as GCF's flagship initiative. This program provides a unique opportunity to gain hands-on experience in the climate finance sector while collaborating with leading experts from around the globe. Interns will have the chance to apply the knowledge acquired during their academic studies and acquire new skills and insights into innovative projects and emerging technologies.

In addition to invaluable professional experience, we offer competitive benefits to our interns, including a monthly stipend of $1,300, comprehensive free global health insurance, and paid annual and sick leave. We believe that this program is an excellent steppingstone for those looking to advance their careers in the dynamic field of climate finance.

Please offer some words of encouragement to the Koreans who aspire to work at your institution.

We are pleased to extend a warm invitation to Korean professionals to apply for opportunities at GCF. As we are headquartered in Korea and hosted by the Korean government, we recognize the significant role that Korea plays in supporting our mission and objectives.

Our commitment to fostering a diverse and inclusive workplace is unwavering, and we believe that the unique perspectives and experiences of Korean applicants can greatly enhance our initiatives. The support we receive from the Korean government and the local community is invaluable.

We encourage talented individuals from Korea, with a passion for climate finance and sustainable development, to consider joining our team. Together, we can work towards achieving our shared vision of a more sustainable and resilient future for all.

What is your institution's biggest expectation of Korea and Koreans?

Korea has a rich and enduring tradition of academic and technological advancement, characterized by a commitment to innovation and excellence. We eagerly anticipate witnessing this remarkable spirit reflected in the individuals who engage with GCF. As we cultivate an environment that fosters intellectual curiosity and collaboration, we are confident that our community will contribute significantly to the continued legacy of progress and achievement that Korea is renowned for.

Your assessment of Korean staff who is currently working at the GCF(both strength and weakness).

Korean nationals represent the largest proportion of hires at the Green Climate Fund. As of October 10, 2024, there are 65 Korean staff working across various levels at GCF. This includes all staff members under regular appointments(see detailed breakdown below).

Total Korean staff : 65

Mid to senior level : 22 Koreans

Entry-level Positions(IS2 - IS1) : 25 Koreans

Administrative Staff(ASD - ASA) : 18 Koreans

The Korean staff at the GCF exhibit several notable strengths, including a strong work ethic, dedication to organizational goals, and a high level of professionalism. Their ability to collaborate effectively in a multicultural environment and their commitment to meeting deadlines are commendable.

Part 3

각 국제금융기구 진출
한국인 체험수기

이선우

Economist, AFR

한국에서 고등학교를 졸업한 후, 나는 학부 유학을 위해 처음으로 미국에 오게 되었다. 조금 낯설지만 새로운 환경에서 다양한 학문과 문화를 접하는 기회를 가졌고, 더 깊이 있는 공부를 하고 싶다는 생각이 들어, 학부 과정을 마친 후 경제학 박사 과정에 진학했다. 박사 과정 중에는 거시경제, 특히 금융 기관과 관련된 연구를 하며 자연스럽게 정책 연구 기관에 관심을 가지게 되었는데, 실제로 관련 기관에서 경제학 전공자들이 어떤 일을 하는지에 대한 정보는 부족했다. 더 많은 정보를 얻고자 박사 과정 중 IMF의 여름 인턴십(Fund Internship Program)[1]에 지원했고, 4년 차 여름 동안 약 3개월간 IMF에서 인턴으로 일할 기회를 얻었다.

IMF의 여름 인턴십 프로그램은 보통 그 전해 겨울에 지원이 이루어진다. 서류 심사를 위해 대학원 시절의 연구물과 글 샘플 등을 제출하게 되었고, 나는 서류 심사를 통과한 후 간단한 인터뷰 절차를 거쳤다. 인터뷰에서는 연구 과제를 수행할 수 있는 관련 경험이나 지식을 중점적으로 확인했는데, 나의 경우에는 프로젝트 관련 데이터를 연구에 활용한 경험을

1 FIP(Fund Internship Program) : 매년 전 세계에서 50여 명 참여, IMF 본부(워싱턴 D.C.)에서 진행, 6~10월까지 10~12주간 진행, 석·박사 과정에 재학 중인 32세(석사의 경우 28세) 미만의 연구자 대상 채용

언급한 점이 도움이 되었다고 생각한다.

인턴십 기간 동안, 인턴마다 미리 정해진 연구 프로젝트가 하나씩 주어졌는데, 근무하는 부서에 따라 프로젝트 주제는 매우 다양했다. 나는 환율 쇼크와 관련된 연구 프로젝트를 맡았고, 연구 외에도 부서 내 회의나 작은 업무에 조금이나마 참여할 기회도 있었다. 프로젝트에 참여하고 연구에 대해 여러 피드백을 받은 것 외에도 IMF 내에서 업무가 어떻게 진행되는지, 그리고 근무 환경은 어떤지를 파악할 수 있는 귀중한 시간이었다. 다양한 사람들로부터 조언을 얻으며 네트워킹할 수 있는 기회도 인턴십의 큰 장점 중 하나였다. 여름 내내 가까이에서 함께 일했던 동료들 외에도 같이 인턴십 생활을 한 동기들, 같은 분야 연구를 하는 분들, 그리고 IMF의 한국인 직원분들과도 이야기해볼 수 있는 기회가 있었다. 국제 기구의 이코노미스트 관련 직군에 관심이 있는 분들은 적극적으로 지원을 추천한다. 이 인턴십 경험을 통해 정책 연구 기관에서 일하고 싶다는 마음이 더 커졌고, 이듬해 IMF의 채용 프로그램에 지원하게 되었다.

IMF는 여러 경로로 채용을 진행하는데, 내가 지원한 프로그램은 EP(Economist Program)이다. 경제, 금융학이나 관련 분야의 박사 학위 소지자, 혹은 입사 후 1년 이내에 학위 취득 예정인 박사 과정생을 대상으로 하는 프로그램이다. 채용 과정은 보통 매년 10월경에 시작되고, 이력서와 커버 레터 등의 서류를 먼저 제출하게 된다. 나의 경우, 서류 심사 과정에서는 커버 레터를 통해 나의 연구 결과가 관련 분야의 정책적 함의와 어떻게 연결될 수 있는 지를 강조하고, 내가 이 기관에서 일하고 싶은 이유를 부각하려고 노력했다.

서류 전형을 통과한 지원자들은 겨울 중 두 번의 인터뷰를 거친다. 나의 첫 번째 인터뷰는 약 30분 정도였고, 두 번째 인터뷰는 45분 정도로 약간 더 길었다. 인터뷰에서는 거시경제 및 국제 경제학 관련 질문과 인사팀의 질문(behavioral question)에 답하게 되는데, 두 인터뷰는 길이만 조금 다를 뿐 다뤄진 질문들은 비슷했다. 하지만, 지원자의 연구나 전문 분야보다는 더 폭넓은 경제학적 지식이나 사고에 중점을 둔다는 점에서, 일반적인 박사 과정 취업 면접 질문들과는 질문의 성격이 다소 다르기 때문에 관심이 있는 지원자들은 별도의 준비를 조금이나마 하는 것이 유리하다.

특히, 관련 분야 전공자가 아니라면 대학원 과정 중에 다루기 어려운 주제들이 있어, 나에게는 IMF에서 발간하는 정기 발행물들을 읽고 모의 면접을 통해 준비하는 것이 도움이 되었다. 여러 자료를 통해 형식은 미리 어느 정도 파악할 수 있었기 때문에(IMF 홈페이지에는 모의 인터뷰 영상이 게재되어 있다), 나는 주로 여러 발행물들을 읽으며 자주 등장하는 주제를 파악하고, 이를 바탕으로 여러 상황에 처한 국가들을 가정해 어떤 경제 정책이 도움이 될지 체계적으로 답하는 연습을 했다. 많은 경우 정답이 없는 질문들이기 때문에, 인터뷰 중에는 확실한 답을 모르더라도 당황하지 않고 생각을 논리적으로 정리해 상대방에게 명확하게 전달하는 모습을 보일 수 있도록 노력했다. 두 번째 인터뷰와 함께 온라인 심리 측정(psychometric test)이 진행되었고, 2월 최종 합격 후 동기들과 함께 그해 9월 IMF에 입사할 수 있었다.

나는 이런 과정을 거쳐 2021년 IMF에 입사했고, 지금도 많은 보람을 느끼며 이코노미스트로 근무하고 있다. 3년간 여러 팀을 거치며 평생 가볼 기회가 없을 것 같던 나라들에도 방문해 보았고, 함께 근무한 IMF 직원들 외에도 여러 단체, 나라의 사람들과 같이 일할 수 있는 기회가 많았다. 다양한 배경을 가진 사람들과 함께 일하며, 한 분야에만 매몰되지 않고 여러 분야의 업무를 수행할 수 있다는 점이 이 일의 가장 큰 장점 중 하나라고 생각한다. IMF에는 Economist Program 외에도 학부와 석사 졸업생들을 대상으로 채용을 진행하는 Research Assistant Program이나 경력자들을 대상으로 하는 Mid-Career Pipeline 같은 여러 채용 기회가 있고, 경제학뿐만 아니라 다양한 배경을 가진 분들의 수시 채용이 여러 부서에서 진행되고 있으니 많은 분들이 IMF에 관심을 가지고 지원해 주시길 바란다.

이혜원

세계은행 디지털 전환

Digital Transformation

저는 현재 세계은행 서/중앙아프리카 지역의 디지털 전환 부서에서 근무 중인 이혜원입니다. 디지털 개발 담당관(Digital Development Specialist)으로 세계은행 수원국을 대상으로 인터넷 연결 및 디지털 기술을 통해 사회/경제적 발전을 도모하는 정책 자문과 차관 사업 업무를 담당하고 있습니다. 세계은행에는 2016년 석사 과정 중 여름 인턴으로 처음 발을 디뎌, 현재 근무 중인 부서의 전신인 ICT 유닛에서 근무한 바 있습니다. 2017년부터 디지털 농업 및 디지털 개발 이슈를 아우르는 컨설턴트로 근무하던 중 2019년에 JPO로 현재 부서에 조인하게 되었습니다.

저는 대학교에서 국제관계학을 졸업하고 인터넷 진흥 및 정보 보호, 관련 국제협력 업무를 수행하는 우리나라 공공기관에서 커리어를 시작했습니다. 재학 시절 학업에 충실하여 좋은 성적으로 졸업했으나, 막상 졸업 후 국제 개발 혹은 공공 부문에서 일하고 싶다는 막연한 방향성 외에는 구체적으로 어떤 곳에서 어떤 일을 하고 싶은지 막막했습니다. 그런 막막함 속에서 진로를 고민하던 중 주미한국대사관에서 인턴십을 하게 되었고, 인턴십을 통해 정보통신 관련 정책들에 관심을 가진 것을 계기로 국내 공공기관에 지원하게 된 것이었습니다. 합격 통지를 받고, 국제 개발이라는 꿈은 잠시 접어두고 주어진 기회에 최선을 다하자라는 마음으로 입사하여 첫 직장 생활을 시작했습니다.

디지털 개발로 국제 개발의 꿈을 다시 찾다

인터넷 정책팀에 입사 후 처음 맡게 된 업무는 인터넷 거버넌스 관련 논의였는데, 이는 인터넷이 관리되는 의사결정체계를 일컫습니다. 인터넷 거버넌스는 인터넷 발전 배경, 데이터 보호 등 인터넷 관련 정책 사안뿐만 아니라 사이버보안 등의 광범위한 주제를 아울렀던 만큼, 단순히 인터넷 기술 이상으로 인터넷이 정치, 경제 및 사회적으로 미치는 영향에 대해 전반적으로 배우게 된 계기가 되었습니다. 이후 다자협력팀에서는 ITU, OECD 등 다자협력기구에서의 정보 보호 관련 정책 협의에 참여하며 인터넷 역기능에 대한 정책적 사안 및 대응책 현황을 접할 수 있었습니다.

그중 정보화 격차, 그리고 인터넷 기반 디지털 기술을 통한 개발도상국의 역량 강화 이슈에 특히 많은 관심이 생겼고, 입사 2년 차 즈음, 세계은행과 협업 중인 사업이 있다는 것을 알게 되었습니다. 이때까지만 해도 세계은행의 사업이 어떻게 진행되는지 구체적으로 알지 못했지만 회사에서의 실무를 통해 막연했던 "국제 개발"에 대한 관심을 "디지털 기술을 활용한 개발"로 좁히는 계기가 되었고, 기회가 된다면 잠시 접어두었던 국제 개발의 뜻을 세계은행과 같은 국제금융기구에서 다시 펼치고 싶다는 생각이 들었습니다.

컨설턴트로 세계은행에 발을 내딛다

저는 그렇게 국제금융기구에 대한 관심과 함께 디지털 기술을 접목한 국제 개발이라는 꿈을 다시 좇기로 결정하고 휴직을 하며 석사 학위 과정을 시작하게 되었습니다. 석사 1학년을 마치고 여름 인턴십을 찾던 중, 네트워킹을 통해 세계은행 ICT부서에서 인턴십 기회를 얻게 되었습니다. ICT부서는 현재 디지털 전환 VPU(Vice-Presidency Unit)의 전신 및 시작점이 되었으나, 당시에는 교통국에 소속된 작은 부서였습니다.

그렇게 세계은행에 입사 후 제가 맡은 첫 업무는 개발도상국 사이버보안 관련 주요 도전 과제에 대한 보고서 작성이었는데, 당시 프로젝트 리더가 큰 주제만 주고 세부적인 사항은 인턴인 제게 과감히 맡겼던 점이 다소 신선하게 다가왔습니다. 비록 말단 인턴이지만 책임감과 사명감을 가지고 리서치를 했고, 추가적으로 워싱턴 D.C.내 사이버보안 정책 전문가들과 인터뷰까지 진행해 보고서를 완성시켰습니다. 이후 프로젝트 리더로부터 아주 유용하게 읽었다는 피드백을 받고 많은 보람을 느낀 기억이 납니다. 처음 접하는 주제인데다 보고서 세부사항을 자율적으로 판단하여 작성하는 것이 익숙하지 않았지만 돌아보면 Swim or Sink, 즉 내가 하기에 달려있다는 세계은행의 조직 문화를 실로 처음 마주한 경험이었다고 생각합니다.

인턴으로 근무하면서도 세계은행 내 다양한 부서의 직원들과 네트워킹을 꾸준히 했습니다. 그러던 와중 사물인터넷(IoT: Internet of Things)을 활용한 디지털 농업 프로젝트에 참여할 수 있는 기회를 알게 되었고, 농업이라는 중요한 개발 부문에서 디지털 기술이 어떻게 활용될 수 있는지, 그 넥서스를 배울 수 있는 흥미로운 프로젝트라고 생각해 석사 과정과 병행하며 파트타임 컨설턴트로 참여하게 되었습니다. 석사 졸업 후에도 디지털 농업 프로젝트에 계속 참여했고, 서너 명의 다른 팀 리드들과 함께 일을 하며 여러 부서에서 다양한 업무를 해보고 세계은행의 업무 범위가 얼마나 광범위한지를 배우는 기회가 되었습니다.

제가 네트워킹을 통해 세계은행에 처음 발을 디딜 수 있었던 것처럼 네트워킹은 입사해서도 계속해야 하는 일종의 조직 문화라는 생각이 듭니다. 처음에는 나를 업셀링(upselling)해야 한다는 의무감에 네트워킹이 처음엔 쉽지 않았지만, 상대방의 업무와 경력에 진심으로 관심이 있어 시작하는 네트워킹은 그 진심이 전달되어 심도 있는 대화, 나아가 더 효과적인 결과로 연결될 수 있다는 것을 느낀 후에는 철저한 준비를 통해 양질의 네트워킹을 하는 데 시간을 쏟기도 했습니다. 세계은행에서 하는 업무는 "피플 비즈니스"라고 칭할 정도로 업무를 하면서도 조직 내외로 끊임없이 관계를 쌓아야 하기 때문에 네트워킹은 업무의 필수적인 요소라 할 수 있고, 내 실력과 역량을 인정해주고 보증해줄 수 있는 챔피언 네트워크를 만드는 것도 중요합니다. 물론 이것은 자신의 성과와 실력이 뒷받침이 될 때 플러스가 되는 부가적 요소라고 생각합니다.

JPO 기회로 디지털 개발 구현에 한 발자국 더 다가가다

컨설턴트로 일하던 중 점차 디지털 아젠다의 중요성이 커짐에 따라 제가 처음 인턴으로 일했던 ICT유닛이 2018년 교통국으로 독립하여 별개의 국으로 승격, 디지털 개발국[1]이라는 부서가 신설되었습니다. 그 디지털 개발국 내 아프리카/중동 지역 부서에 한국인 JPO 공고가 났고, 이에 저는 성심성의껏 이력서와 커버 레터를 준비하여 지원서를 제출했습니다.

당시 커버 레터 작성에 특히 심혈을 기울였는데, 지원 동기의 경우 디지털 농업 프로젝트에서의 직접 경험을 녹여, (1) 국제 개발에 있어서 디지털 기술의 잠재력을 보다 더 많은 사람들이 느끼게 해주기 위해선 디지털 인프라 및 정책적 기반이 중요하다는 걸 느꼈고, (2) 인터넷의 순기능과 역기능에 대한 고찰이 디지털 개발 프로젝트에도 반영되어야 한다는 점, 그리고 (3) 디지털 개발국에서 세계은행의 Twin Goal – 극단적 빈곤 퇴

1 2024년 7월부터 Digital Transformation VPU로 개편

치 및 공동의 번영 - 달성에 일조하고 싶다는 요지로 작성했습니다. 서류 전형 통과 이후 두 번의 면접을 거쳐 JPO 합격 통지를 받았고, 마지막 면접에서 매니저가 커버 레터에 감명받았다는 말을 듣고 합격 결과를 떠나 제 열정과 진심이 전달된 것 같아 마음속으로 기뻤던 기억이 있습니다.

JPO가 되고 나서 업무적으로 가장 큰 변화는 세계은행의 주요 업무라고도 할 수 있는 차관 사업에 투입된 것입니다. ASA(Advisory Services and Analytics)라고 불리는 정책 연구 및 자문 활동은 컨설턴트로 일하며 참여한 적이 있지만 차관 사업은 처음이었기 때문에 제대로 배워보자는 마음으로 업무에 임했습니다. 보통 세계은행 내 사업의 라이프 사이클은 크게 사업 개발(identification) 및 준비(project preparation), 사업 수행(project implementation), 사업 종료(project completion) 4가지 단계로 구분되는데 JPO 파견이 시작되자마자 사업 준비 및 수행 단계의 프로젝트에 투입되어 사업 사이클의 상당한 부분이 어떻게 진행되는지 직접적으로 배울 수 있는 기회가 주어졌습니다. 특히 사업 준비 단계에서는 클라이언트 정부가 요청하는 지원 분야에 대한 기술적인 이해와 자문 능력이 필요하기 때문에 관련된 연구자료 및 보고서를 빠른 시간 내로 분석하고 숙지하는 것이 중요했고, 저는 주요 팀 멤버로서 함께 일하는 팀 리드들의 그림자가 되어 사업 업무를 배웠습니다.

세계은행의 차관은 여러 가지로 수행되는데, 그중에서도 개발 목표 달성을 위한 프로젝트 수행에 소요되는 자금을 5~10년에 걸쳐 공여하는 투자 프로젝트 융자(IPF: investment project financing) 형식의 차관 사업을 도맡고 있습니다. IPF에서는 수원국 정부와의 협의로 프로젝트 개발 목표(project development objective)를 세우고, 그 목표를 달성하는 데 필요한 여러 투자 활동을 수행하게 됩니다. 제가 속한 부서에서는 서/중앙아프리카 지역의 브로드밴드 인터넷 연결성 확대를 위한 인프라 구축, 공공서비스 및 행정시스템의 디지털화, 사이버보안 및 데이터 보호 역량 강화, 디지털 스킬 향상을 위한 트레이닝 프로그램 개발 등을 지원하고 있습니다.

JPO로 입사를 하게 되면 주어진 파견 기간 동안 실력을 최대한 발휘하여 본인의 역량을 인정받는 것이 중요합니다. JPO로 근무하는 동안의 업무 성과가 계약 연장 및 정규직 전환 기회와 직결되기 때문에 파견 기간 동안 부서 내에서 좋은 평판을 쌓고, 파견 기간이 끝나기 최소 6개월 전에는 가시성 있는 성과를 보여주는 게 특히 중요합니다. 내가 하고 있는 업무 활동의 가시성을 높이기 위해서는 우선 프로젝트 내에서 내가 맡은 역할이 명확해야 하고 선택과 집중을 통해 1~2가지 분야를 골라 전문성을 높이는게 중요합니다. 그 분야에 대해서는 언제, 어디서 문의가 들어와도 자연스럽게 답할 수 있을 정도로 오너십을 가지고 임무에 충실해야 합니다.

내 직무가 아니더라도 다른 동료들이 작업하고 있는 보고서 등 결과물을 검토하는 과정인 Peer Review 기회가 온다면 놓치지 않고, 시간을 내서 관심 있는 주제에 대한 블로그를 작성해 보는 것도 가시성을 높일 수 있는 방법 중 하나입니다. 비슷한 맥락에서 내 업무를 잘 수행하고, 동료들과의 협력만큼이나 중요한 것이 매니징업(managing up)인데, 단순히 매니저와 좋은 관계를 쌓는 것을 넘어 본인이 하고 있는 업무의 진행 경과에 대해 매니저에게 적시에 보고하고, 필요시에는 조언과 도움을 구하는 판단력을 필요로 한다고 생각합니다. 이것은 비단 JPO 파견직에만 해당되는 것은 아니고 다른 방법으로 세계은행에 입사를 했을 때에도 적용될 수 있는 Lesson Learned라고 생각합니다.

저는 3년간의 JPO 파견 종료 후(보통 JPO 파견 근무는 2년으로, 정규직 전환 오퍼를 받고 나서 1년까지 연장 가능) 2022년 디지털 개발 담당관 직책으로 정규직 전환이 되어 현재까지도 같은 부서에서 일하고 있습니다. JPO 경력은 각 프로젝트 및 업무 활동을 리드하는 팀 리더(TTL: Task

Team Leader) 역할을 하는 데에 거름과 같은 역할을 해주고 있습니다. TTL들은 각 프로젝트의 방향성을 설정하고, 프로젝트 활동 전반에 대한 이해력과 함께 팀 내 업무를 효율적으로 배분하는 역할을 합니다. 이에 더불어 수원국 정부 및 세계은행 현지 사무소와의 직접적이고 주요한 소통 창구 역할을 하기 때문에 디지털 개발 이슈 전반을 아우르는 전문성은 물론이고, 정치적인 흐름을 읽는 능력과 각종 복잡한 상황을 처리하는 리더십 스킬을 필요로 합니다. 팀 멤버에서 팀 리더로 역할이 점점 커지고 있는 요즘, 저는 내가 바라는 리더의 상은 무엇인지 고민하고, 그런 리더가 되려면 무슨 노력을 해야 하는지 나 자신을 한 번 더 돌아보게 되는 계기가 많아지고 있습니다.

마치며

세계은행 입사를 희망하시는 분들께 여러 가지 기회의 문을 두드려보라는 말씀을 드리고 싶습니다. 애널리스트, 스페셜리스트 등 정규직 외에도 인턴, 장·단기 컨설턴트, JPO, YPP(Young Professional Program) 등 입문하는 방법은 다양합니다. 시작하는 경로가 무엇이 되었든 타이틀에 너무 신경 쓰지 않고 주어진 업무에 후회 없이 최선을 다해 차근차근 내 실력을 발휘해 역량을 인정받고, 성장하다 보면 정규직으로의 기회가 올 것이라고 믿습니다.

"세계은행은 제각기 다른 이유로 반짝이는 만 개의 별로 움직이고 있다" 멘토로 삼고 종종 커피챗을 하던 시니어 동료가 국제 개발이라는 공통의 열정 아래, 만 명이 넘는 세계은행 구성원 모두가 각자 자신만의 스토리로 세계은행에 입사해 일을 하고 있다는 것을 비유해서 해준 말입니다. 여러분도 나만의 반짝이는 이유를 찾아 본인의 열정을 과감히 이루어 보시길 바랍니다.

CV

Career Summary : Digital development specialist in creating enabling policy environment for connectivity to improve livelihoods of people, advance government service delivery, and mainstream digital solutions in development with 9+ years of experience. Major strengths include project management, policy research and analysis, drafting policy memo and knowledge reports, and working in multicultural environment. Background includes Internet and cybersecurity policy making and managing ICT capacity building program in Korean government. Dedicated team player motivating colleagues.

Work Experience :

<u>THE WORLD BANK GROUP</u> — **Washington, D.C.**

Digital Development Specialist — *09/2022-Present*

- Co-lead implementation of $50 million Sierra Leone Digital Transformation Project aimed at improving access to internet connectivity and government capacity to deliver services digitally
- Lead implementation of Cybersecurity Multi-donor Trust Fund activity in Sierra Leone supporting cybersecurity skills and workforce assessment to inform the national cybersecurity skills strategy
- Completed Data Governance Assessment in the West Bank and Gaza examining data use and sharing environment in public sector; it identified critical need for data classification and is currently being supported by investment project under implementation

Jr. Professional Officer — *09/2019-08/2022*

- Led implementation of investment project aimed at enabling affordable, good quality internet and digital government services in West Bank and Gaza with budget of $20 million
- Led implementation of Rural Broadband Connectivity component of Digital Malawi investment project with total

budget of $72.4 million in close coordination with project implementation unit and Government of Malawi
- Co-authored Digital Economy Diagnostic in Eswatini assessing status of digital infrastructure and coordinate with IFC and other sectoral units in drawing on cross-cutting recommendations to Government of Eswatini in laying foundations for digital economy

ICT Policy and Digital Agriculture Consultant 09/2016-08/2019
- Co-authored stocktaking report with analysis and policy recommendations for IoT in agriculture by researching and comparing various initiatives using IoT in rice irrigation
- Synthesized information on IoT connectivity technologies and soil, water-level, and image sensors used in agriculture in preparation for pilots to deploy wireless sensor networks for improving rice irrigation efficiency in Vietnam and India
- Launched IoT for Agriculture Webinar Series as platform to communicate with technology companies, startups, and development organizations to discuss innovative business models, opportunities and challenges associated with IoT application in agriculture
- Developed project concept note for digital switchover grant-funded activity and executed two capacity building training sessions for clients from Albania, Kosovo and Senegal

ICT Policy Consultant 06/2016-08/2016
- Produced briefing report on Korea's artificial intelligence (AI) strategy, recent technological progress of AI, and its implications for development, and provided recommendations for World Bank's role in disruptive technologies; Summary of report was posted in World Bank Blog
- Authored report on cybersecurity challenges in developing countries based on academic literature review and expert interviews and proposed recommendations for ICT unit's role in helping clients build cybersecurity capacity and develop cybersecurity strategies

KOREA INTERNET AND SECURITY AGENCY(KISA)

Seoul, Korea

Associate, Multilateral Cooperation Team *01/2015-07/2015*

- Designed implementation framework of KISA's global cybersecurity cooperation platform, Cybersecurity Alliance for Mutual Progress(CAMP), and wrote CAMP's background paper for preparatory meeting and invitation letters to partner governments and public
- Communicated with Organisation for Economic Co-operation and Development(OECD) Secretariat and updated Korea's recent privacy policy developments in the privacy and security chapter of OECD Digital Economy Outlook published in July 2015
- Summarized Internet and cybersecurity issues of 2015 International Telecommunication Union(ITU) Council Meeting and helped government take follow-up actions as host country for ITU Plenipotentiary Conference in 2014

MINISTRY OF SCIENCE, ICT, AND FUTURE PLANNING

Gwacheon, Korea

Secondee Analyst, Internet Policy Division *06/2014-12/2014*

- Analyzed impact U.S. government's intent to transition key Internet domain names functions on Internet governance and presented analysis report to Director of Internet Policy Division; Selected to serve on secondment per Director's request
- Drafted high-level speech in UN Internet Governance Forum(IGF) 2014 on *Internet as New Driver for Economic Development* and organized Korean government's open forum on introducing Korea's internet policy and submitted summary report to IGF Secretariat
- Participated in International Telecommunication Union(ITU) Plenipotentiary Conference 2014 held in Busan and provided daily reports summarizing discussion on Internet-related resolutions to Chairman Min Wonki

KOREA INTERNET AND SECURITY AGENCY(KISA)

Seoul, Korea

Analyst, Internet Policy Team *01/2013-05/2014*

- Collaborated with Ministry of Foreign Affairs in capacity building agenda-setting for Seoul Conference on Cyberspace in 2013 where approximately 1,600 delegates participated and wrote thematic background paper on capacity building panel discussion
- Organized Pre-workshop on Capacity Building for Seoul Conference and led outreach efforts; Wrote and disseminated workshop summary report across United States, United Kingdom, Hungarian, and Korean government officials
- Outlined the Korean government proposal on Internet governance principles as submission to NETmundial, a global conference organized in 2014 to reach consensus on Internet governance principles and provide a roadmap for relevant stakeholders
- Participated in International Telecommunication Union (ITU)'s World Telecommunication/ICT Policy Forum(WTPF) in 2013 and wrote debriefing report for the Working Group discussion on multi-stakeholderism in Internet governance; Presented report to Korean ICT Ministry

Education : 2015~2017 **Johns Hopkins University School of Advances International Studies**
Master of Arts in International Economics
Concentrated in Energy, Resources, and Environment
Relevant Coursework: Applied Econometrics; Digital Development-Innovative Use of Technology in Emerging Markets; Agriculture-Global Issues; Climate Change and Economic Development; Electricity Market

2008~2012 **The George Washington University, Elliott School of International Affairs**

Bachelor of Arts in Economics-Fulfilled Bachelor of Science requirements Bachelor of Arts in International Affairs
Graduated *cum laude*

Certifications : Cenerva Telecom Regulatory Masterclass
Cornell 5G Strategy Certificate
Amazon AWS Cloud Practitioner

Additional Qualifications : Languages: Korean(Native); English(Fluent); Spanish (Intermediate)
Skills: Excel(Advanced); Eviews(Intermediate); STATA (Intermediate)

Cover Letter

To whom it may concern

"Data is the new oil," professes the Economist in an article: the advent of big data has the potential to revolutionize businesses of all sectors of the global economy just as oil did during the first industrial revolution. Global development is no exception to this data-driven digital disruption. I've been fortunate to learn about the impact of digital connectivity and digital applications on development sectors first hand through my work at the World Bank and creating an enabling policy and business environment whereby developing countries can maximize the benefits of digital development has become my personal passion.

At the World Bank (WB), I have been contributing to *Internet of Things (IoT) in Agriculture* project that aims to increase rice irrigation productivity by providing farmers with optimal irrigation points based on water-level data collected by wirelessly connected sensors in India and Vietnam. At the mid-point of the project I was amazed that farmers using the IoT system were able to save water up to 73% with modest yields increase and control water pumps remotely through their mobile phones without technical problems. This moment crystalized the idea for me as much as it did for the farmers how the mobile technology and data can transform their livelihoods. While the pilot was focused on providing simple irrigation analytics, this hands-on experience of using digital tools for promoting agricultural productivity affirmed my determination for furthering digital innovation in various development sectors.

On the other hand, my experiences have taught me that *data as the new economic driver is not like oil in very important ways* for data is still not available, accessible, or affordable in many parts of the world. Through my engagement in supporting analogue-to-digital TV transition in developing countries, I recognize that digital infrastructure, such as radiofrequency spectrum and network connectivity, is crucial backbone of making digital economy possible. The lack thereof can, in turn, disconnect those who are at the bottom of the economic ladder from the potential benefits unleashed by digital transformation. Therefore, at the Digital Development Global Practice, I am determined to leverage my ability to understand fundamental pillars of digital development as the basis for mainstreaming digital solutions in development challenges. Continuing along these avenues of promoting sustainable digital economy, I am also eager to close the gap of digital divide and contribute to resolving the last mile connectivity barriers to digital technologies and services.

Furthermore, my goal will be to consider various angles of digital disruption based on my experience in digital economy policy-making. During my time at the Korean government, I was assigned to work with multilateral institutions for addressing new risks posed by digital economy. For instance, I led Korea's contribution to developing the OECD recommendations on *Digital Security Risk Management for Economic and Social Prosperity* by analyzing digital risk insurance industry and policy incentives for helping SMEs adopt digital risk management practice in Korea. Building on my exposure to the double-edged nature of digitalization, I wrote a report about the artificial intelligence (AI) in the global development at WBG: I concluded that sophisticated automation may put poorer countries at the risk of losing employment opportunities. As such, I am confident that my knowledge in the challenges as well as the opportunities of digital economy will be an asset to support developing countries sustain innovation and growth in the uncertain future.

The World Bank Group provides an ideal environment for me to develop cross-disciplinary interests in achieving sustainable development goals (SDGs) and digital development. I am passionate about partaking in evidence-based development practices and policy recommendations in digital age for growth led by inclusive innovation and partnership. I would welcome the opportunity to discuss my qualifications with you and learn more about the Junior Professional Officer position at your earliest convenience. Thank you for your time and consideration.

Sincerely, Hyea Won Lee

IDB 한국인 진출 수기

이지은

안녕하세요, 저는 현재 IDB(Inter-American Development Bank)에서 교통부 컨설턴트로 근무하고 있는 이지은입니다.

우선 IDB는 중남미 및 카리브해 지역의 경제·사회 발전을 촉진하기 위해 1959년에 설립된 국제 금융기관입니다. 본부는 워싱턴 D.C.에 위치하고 있으며, 다양한 인프라, 환경, 사회 개발 프로젝트를 통해 해당 지역의 지속가능한 성장을 지원하고 있습니다. IDB는 회원국 간의 경제적 협력과 자원 공유를 촉진하며, 공공 및 민간 부문과 협력해 빈곤 완화, 인프라 개선, 경제 현대화를 목표로 하고 있습니다. IDB는 특히 개발도상국의 경제적 자립과 기후 변화 대응을 위한 프로젝트에 중점을 두고 있습니다.

저는 교통부 소속으로, 중남미 국가들의 교통 관련 인프라 구축 및 현대화 프로젝트를 발굴하여 한국 정부의 자금 지원 또는 재정 지원 과정에 지원하고, 승인이 된 프로젝트 진행을 관리하는 일을 맡고 있습니다. 또한 팀 내 디지털 전환 시스템 구축 관리를 위한 자료 조사 및 공동 자금 조달 프로젝트에 참여하면서 조금씩 팀 내 근무 영역을 확장하고 있는 중입니다.

학부 졸업 이후에 독일에서 사기업에 근무하면서 저는 한국과 유럽 경제를 연결하는 조금 더 의미있는 일을 하고 싶어졌고, 이를 계기로 석사 과정을 시작하게 되었습니다. 국제대학원에서 국제학과 국제 통상·무역을 공부하면서 국가 간 경제적 연결 고리와 외교 관계에 대해 더욱 흥미를 갖게 되었고, 이 공부를 살리고 싶은 생각이 커졌습니다. 어렸을 때 캐나다 어학연수 후부터 자연스레 영어를 사용하면서 다양한 국적의 사람들과 어울려 일하는 제 모습을 상상하고 꿈꿔왔었는데, 제가 하고 싶은 일을 가장 잘 할 수 있는 곳이 어디일까 생각해보니 국제기구였던 것 같습니다. 특히 석사 과정에서 참여했던 온드림글로벌아카데미에 참여하면서 국제기구에서의 진로에 대한 꿈이 조금 더 확고해졌습니다.

다양한 국제 금융기구 중 IDB에 지원하게 된 가장 큰 이유 두 가지는 1. 스페인어를 구사할 줄 알기에 지원 과정에서 분명 좋은 점수를 받을 수 있을 것이라 생각했고, 2. 미국 워싱턴 D.C.에 본부를 두고 있으나 국제기구로서의 역할을 가시적으로 보여줄 수 있는 프로젝트에 참여하면서 많이 배울 수 있는 기회가 될 것이라 생각했습니다.

IDB 채용되기까지 / 자료조사

어느 회사에 지원하든 간에 회사에 대한 기본적인 정보 조사는 필수입니다. 회사 홈페이지를 꼼꼼하게 보면서 어떠한 부서가 있고, 어떤 목적과 이념으로 회사가 운영되고 있는지를 파악하면서 IDB의 하는 일과 사회적 영향력에 대해 공부했습니다. 그리고 IDB의 경우엔 각 부서에서 어떤 프로젝트를 진행하는지 볼 수 있는데, 이곳에서 저도 제가 지원한 부서에서도 어떠한 프로젝트가 진행되고 있는지 파악하려고 했습니다. 또한, 블로그 글 등이 공개되어 있는데, 거기서도 2~3편 정도의 부서 관련 글을 읽으며 배경지식을 쌓고 면접을 준비했습니다.

CV와 Cover Letter 작성

CV는 간결하면서도 지원하는 포지션에 맞게 잘 다듬어 주는 작업이 제일 중요하다고 생각합니다. 직장 생활 경험이 있은 경우엔, 학력보다는 경험을 먼저 적어주는 게 좋지만 저의 경우에는 직장 생활 후 대학원을 진학했고, 가장 최근의 이력이자 국제기구 지원과 관련이 높았기 때문에 학력을 가장 상단에 적었습니다. 근무 경력 또한 가장 중요하다고 생각하며 최근에 일했던 경험을 추려 되도록이면 1장으로 끝낼 수 있는 CV를 작성했습니다. 저의 경우엔 경력 이후에는 학업 및 직장 경력 이외의 추가적인 경험으로 제가 국제기구 또는 국제 사회의 일원으로서 어떤 노력을 기울여왔는지를 보여줄 수 있는 내용 또한 첨부했습니다. 예를 들어 석사 시절 참여했던 포럼이나 학회 활동이 이에 해당합니다.

Cover Letter의 경우엔, CV에서 미처 다 보여주지 못한 내용을 전달하면서 좀 더 구체적으로 제가 어떤 사람인지를 보여주는 글이라고 생각합니다. 특히 저의 경우에는 석사 과정의 공부와 이전의 직장 경력을 바탕으로 어떻게 IDB에 지원하게 되었고, 어떤 부분에서 제가 기여할 수 있을 것 같은지 그리고 어떻게 회사에서 근무하고 성장하고 싶은지를 적었습니다. Cover Letter의 경우에도 1장 이내로 작성하는 것을 추천합니다.

지원 및 인터뷰

저는 기획재정부에서 매년 기획하는 국제금융기구 채용설명회를 통해 IDB에 지원하게 되었습니다. 채용설명회 공고가 올라오면 홈페이지에서 각 기구별로 채용 공고를 확인할 수 있습니다. 제가 지원할 당시에는 IDB의 총 4개의 부서에서 컨설턴트 채용 공고를 확인할 수 있었으며, 당연히 자격요건 및 업무에 대해 꼼꼼하게 읽어본 후에 제가 가장 경쟁력이 있다고 생각한 부서 및 포지션에 지원했습니다.

CV와 Cover Letter를 업로드하고 나면 채용설명회 이전에 면접 기회가 주어진 지원자들에게 면접 일정 메일이 발송됩니다. 설명회가 진행되는 기간 동안 1차 면접이 진행되는데, 이 때는 인터뷰어 3명(기획재정부 파견자 1명 및 IDB HR 2명)과 면접을 진행하게 됩니다. 자기소개, 지원동기 등 기본적인 면접 질문들과 더불어 지원한 부서에 관련한 면접 질문들을 받았습니다. 1차 면접에서도 저의 경우엔 성격의 장, 단점을 스페인어로 대답하는 질문이 있었는데, 예상했던 질문이었기에 사전 연습과 준비가 필요했습니다.

1차 면접이 진행된 이후에 약 한 달 조금 안 되는 시점에서 2차 인터뷰를 진행했습니다. 2차 인터뷰는 현지 부서 실무진들과 진행되었으며, 주로 부서 관련 지식과 경험, 그리고 제가 기여할 수 있는 능력에 대한 질문들이 있었습니다. 특히 2차 면접에서는 1차 면접보다 더욱 스페인어 구사 능력을 많이 평가 받았다고 생각합니다. 부서마다 차이가 있지만 제가 근무하는 교통부와 같이 현지 직원들과 소통할 일이 많은 부서의 경우엔 스페인어 구사 능력이 매우 큰 장점이 된다고 생각합니다.

IDB에서 가장 크게 배운 점은 중남미 국가들의 경제적·사회적 발전을 위한 프로젝트가 단순한 경제적 지원을 넘어, 해당 국가들의 지속 가능한 성장과 자립을 돕는 데 중요한 역할을 한다는 것이었습니다. 제가 참여한 교통 인프라 프로젝트는 중남미 여러 국가들의 물류 네트워크를 현대화하고, 장기적으로 지역 경제를 활성화하는 데 기여하고 있습니다. 이러한 프로젝트들은 해당 국가의 경제적 자립과 외교적 관계를 강화하는 데 중요한 밑거름이 되며, 단순한 경제적 지원 이상의 사회적 가치를 창출할 수 있다는 점에서 큰 보람을 느끼게 해줍니다.

저는 '교통' 분야에 대한 전문 지식이 없었지만, 관련 회사에서의 경험과 국제학 과정에서 기른 자료 조사 능력을 바탕으로 현장 업무를 직접 접하면서 더욱 즐겁고 보람된 경험을 하고 있습니다. IDB는 중남미 국가들의 번영과 발전을 위해 협력하는 기관이며, 저희 스페셜리스트들께서도 말씀하시듯 단순한 프로젝트 하나가 아니라, 장기적으로 필요한 도움을 주고 외교적 관계를 쌓는 일을 하고 있습니다. 한국과 중남미 간의 외교적 관계 형성과 발전에 기여하고 싶은 분들에게 IDB는 매우 적합한 기관이라고 생각합니다. 감사합니다.

AfDB 한국인 진출 수기

최유나

세계 경제의 '마지막 보고' 아프리카, 그 중심에서

2024년은 아프리카개발은행(AfDB)에게 매우 뜻깊은 해입니다. 설립 60주년을 맞이한 AfDB는 지난 60년간 아프리카의 경제 및 사회 발전을 견인해 왔으며, 이제 미래 100년을 향해 나아가고 있습니다.

저는 2013년 AfDB에 정규직으로 입사한 이후, 현재 아시아 대표사무소에서 책임 대외협력관(Chief External Relations and Communication Officer)으로 근무하고 있습니다. 아시아 회원국 및 각국의 정부, 공공기관, 민간 기업, 시민사회 등과 협력해 개발 사업에 직·간접적으로 기여하며, AfDB의 전략 및 사업 관련 최신 정보를 제공함으로써 아시아 파트너들에게 새로운 기회를 제공하고 있습니다. 또한 본부의 다양한 섹터 부서와 협력하여 새로운 사업과 이니셔티브를 발굴하는 역할도 맡고 있습니다.

AfDB는 현재 81개국의 회원국을 두고 있으며, 이 중 아시아 회원국으로는 대한민국, 일본, 인도, 중국이 있습니다. 저는 한국의 경제 발전 경험과 전문성을 AfDB의 다양한 사업에 접목시키는 데 주력하고 있으며, 그 일환으로 2018~2020년 튀니지에서 한국형 드론 시스템 구축사업을 주도했습니다. 이 프로젝트는 농업 생산성 향상 및 드론 전문가 양성을 목표로 하였으며, 아프리카의 농업 부문에 4차 산업혁명 기술을 도입하는 성공적인 사례로 꾸준히 언급되고 있습니다.

아프리카의 무한한 가능성 : 도전과 기회

아프리카는 오래전부터 천연자원과 젊은 인구를 바탕으로 세계 경제의 '마지막 블루오션'으로 평가받아 왔습니다. 14억 인구 중 75%가 35세 미만인 '젊은 대륙'인 아프리카는 경제 성장 가능성이 매우 높으며, 이에 따라 주요 국가와 글로벌 기업들이 아프리카 시장에 주목하고 있습니다. 대한민국 또한 대아프리카 협력을 확대하고 있으며, 이는 우리 청년들에게도 다양한 기회로 다가올 것입니다.

하지만 현재 AfDB에서 근무하는 한국인은 약 10명으로, 그중 정규직은 3명에 불과합니다. 이러한 수치는 적게 보일 수 있지만, 이는 오히려 우리나라 인재들에게 더 많은 기회가 열려 있다는 것을 의미하기도 합니다. AfDB는 공식적으로 국가별 채용 할당제는 없으나, 채용 시 국적을 일정 부분 고려하기도 합니다.

AfDB 입사 경로

AfDB에 입사할 수 있는 경로는 다양합니다. 청년층에게는 인턴십 프로그램과 YPP(Young Professionals Program)을 권장합니다.

- 인턴십 프로그램 : 매년 상반기와 하반기에 걸쳐 총 80명의 인턴을 선발하며, 하이브리드 근무 형태로 진행됩니다. AfDB는 유급 인턴십을 제공하며, 인턴십을 통해 실질적인 국제 개발 경험을 쌓을 수 있는 기회를 제공합니다.
- YPP : YPP는 석사 학위와 3년 이상의 경력을 보유한 32세 이하의 인재를 대상으로 하며, 영어 또는 불어에 능통한 지원자들에게 기회를 제공합니다. YPP로 입사하면 3년 동안 다양한 부서에서 로테이션 근무를 하

게 되며, 이후 95% 이상의 YPP 졸업생들이 정규직으로 채용됩니다.

- 경력직 및 전문 컨설턴트 : AfDB의 직원 평균 연령은 49세로, 대부분 각자의 분야에서 오랜 경력을 쌓은 전문가들입니다. 경력직 채용은 수시로 AfDB 채용 홈페이지에 공고되며, 전문성을 갖춘 컨설턴트 역시 상시 채용하고 있습니다. 특히, 컨설턴트로 근무하며 뛰어난 성과를 보일 경우, 추후 정규직 채용 시 유리한 위치를 차지할 수 있습니다.

성공적인 지원을 위한 전략

AfDB의 채용 과정은 상당히 경쟁이 치열하며, 전형 기간도 평균 6~9개월 정도 소요됩니다. 지원서를 작성할 때는 공고된 직무의 요구사항을 정확히 이해하고, 자신의 경력과 경험을 효과적으로 연결하는 것이 중요합니다. 특히, AfDB 웹사이트에 게재된 최신 사업과 이니셔티브를 철저히 분석해 이를 지원서에 반영하는 것이 바람직합니다.

필기시험은 일반적으로 논술형 문제로 구성되며, 심층 인터뷰는 90분에서 120분가량 진행됩니다. 면접관은 보통 5명이고, AfDB의 공식 언어인 영어와 불어 중에서 선호하는 언어를 선택하여 진행합니다. 인터뷰에서는 지원자의 성향 및 전문성을 평가하는 질문이 주어지며, 답변의 논리성뿐만 아니라 성실한 태도 또한 중요하게 평가됩니다.

AfDB와의 첫 만남

제가 AfDB를 알게 된 계기는 2010년 기획재정부가 주최한 '제2회 국제금융기구 채용설명회'였습니다. 당시 행사에서 국제금융기구에 종사하는 한국인 선배들의 경험담을 들으며 아프리카 개발과 금융의 교차점에서 AfDB만큼 매력적인 기관은 없다는 확신을 갖게 되었습니다. 그 후 2년간 꾸준히 준비한 끝에 AfDB에 입사하게 되었고, 현재 아프리카 경제 발전에 기여하는 데 깊은 보람을 느끼고 있습니다.

AfDB 아시아사무소

저는 다양한 분야에서 다채로운 이해관계자들과 협력하여 업무를 수행하고 있습니다. 이러한 활동을 통해 아프리카의 지속 가능한 발전을 지원하고, 국제 사회에서의 협력을 강화하는 데 중요한 역할을 하고 있습니다. 특히 아프리카개발은행의 아시아 회원국 지원을 통해 그 기여를 확장하고 있습니다.

아프리카와 아시아 간의 경제 협력을 강화하기 위해 양 대륙의 정부 및 민간 부문과 긴밀히 협력하고 있습니다. 이를 통해 무역 및 투자 증진을 위한 정책을 개발하고, 양국 간의 상호 이해를 증진하는 데 기여합니다. 대한민국의 경우, 2006년 출범한 '한·아프리카 경제협력 협의체(KOAFEC: Korea-Africa Economic Cooperation)'를 지원하고 있으며, 2년마다 열리는 KAOFEC 장관급 회의의 주요 준비 멤버로서 아프리카개발은행과 한국 정부 간의 원활한 소통과 총재 보좌 역할을 수행하고 있습니다.

아프리카개발은행의 목표와 성과를 널리 알리기 위해 다양한 커뮤니케이션 전략을 개발하고 실행합니다. 기관의 비전과 임무를 이해시키고, 더 많은 이해관계자들의 참여를 유도하며, 아프리카와 아시아의 경제 동향 및 정책 변화에 대한 최신 정보를 공유합니다. 다양한 이해관계자들이 참여하는 회의와 세미나를 기획하고 운영하여 정보 공유와 네트워킹을 촉진합니다. 이러한 행사는 아프리카의 개발 현안에 대한 논의를 활성화하고, 실질적인 해결책을 모색하는 플랫폼을 제공합니다.

양 대륙 간의 투자 기회를 적극적으로 발굴하고 이를 촉진하기 위한 네트워크를 구축합니다. 아시아 투자자들에게 아프리카 시장의 매력을 알리고, 투자 성과를 극대화하는 데 기여하고 있습니다. 아프리카 개발 프로젝트에 대한 최신 정보를 공유하고, 아시아 국가들의 투자자와 연결하여 실질적인 지원을 제공합니다.

새로운 기회: 한-아프리카 협력 강화

2024년 대한민국 역사상 처음으로 개최된 '한-아프리카 정상회의'는 한국과 아프리카 간 경제 협력을 한층 더 강화하는 계기가 되었습니다. 아프리카개발은행 총재를 포함한 아프리카 48개국이 참가한 이번 회의는 양 대륙 간의 상호 협력의 중요성을 다시 한번 확인하는 자리였습니다. 이러한 국가 간 협력 강화는 한국 청년들에게도 아프리카와 AfDB에서 새로운 기회를 제공할 것입니다.

AfDB 내에서 한국 파트너 기관과 한국인에 대한 평가는 매우 긍정적입니다. 한국인 특유의 성실함과 신속한 업무 처리 능력, 그리고 스마트한 접근 방식은 많은 칭찬을 받고 있습니다. AfDB는 아프리카 전역에 걸쳐 40여 개국에 사무소를 두고 있으며, 코트디부아르 아비장에 위치한 본부를 비롯해 케냐 나이로비, 튀니지 튀니스 등 다양한 지역에서 근무할 기회를 제공합니다.

준비된 자의 내일

아프리카는 경제 성장의 잠재력이 매우 큰 지역으로, 개도국에서 선진국으로 발돋움한 한국인의 경험과 역량으로 진정성을 가지고 도전하기에 가장 적합한 무대입니다. 아프리카 속담 중에 "내일은 준비된 자의 몫이다"라는 말이 있습니다. 하루하루 꾸준히 자신의 꿈을 향해 준비하면, 결국 본인이 꿈꾸는 내일을 현실로 만들 수 있을 것입니다. 아프리카와 국제 개발에 열정을 가진 후배 여러분이 AfDB에서 함께하길 기대합니다.

이우열

Part 1 : 지원 동기 및 과정

"독일 시민권 없는 사람 손 드세요? EU 회원국 국민 아닌 사람 손 드세요? 샹겐조약국 국민 아닌 사람 손 드세요?" 2009년 대학원 졸업을 앞두고 드디어 꿈에 그리던 정직원 계약을 눈앞에 두고 있을 때쯤 2008년 미국발 금융 위기 여파가 유럽에도 미치기 시작했다. 당시 나는 독일에 위치한 ECF(Engineering Consulting Firm)에 파트타임으로 근무하고 있었다. ECF 업계의 특성상 금융권에서 신규 투자를 전면 취소 혹은 재검토에 들어 갔기에 인력 감축을 위한 구조 조정은 불가피했다. 나는 이 질문에 모두 손을 들어야 하는 몇 안 되는 직원이었다.

"Plan B를 알아보시는 게 좋을 것 같습니다." 당시 내 독일인 보스가 내게 한 말이었다. 멍하게 창밖을 바라보는데 때마침 소나기도 쏟아지고 있었다. 결혼도 했고 만 2살된 딸도 있던 상태이기에 막막한 상황이었다.

"너네 나라에서는 3인 가정이 한 달에 중산층 정도의 삶을 유지하려면 얼마나 있어야 해?"... "글쎄, 미화로 250불정도?" 구직 문제로 잠을 이루지 못하고 있던 어느 날 밤이었다. 대학원 학기 중에 개발도상국(이하 개도국)에서 온 친구들과 나눴던 대화가 떠올랐다. '에너지 국제원조와 국제개발기구'에 관한 수업이었다. 이 수업과 개도국 친구들과 나눈 대화로 인해 감사하게도 직접 경험해 보지 못한, 그래서 책에서만 배운 가난(Poverty)에 대해 더 고민해 보게 되었다. 그리고 언젠가는 내가 가진 재생 에너지(Renewable Energy)라는 지식과 기술을 국제 개발이라는 목적으로 사용해 보고 싶다는 막연한 꿈도 가져보게 되었다. 그래서 자원해서 개도국에서 진행되는 에너지 사업을 할당 받았었다.

"아~ 그 아시아개발은행(ADB)이라는 곳에 대해서도 배웠었지?" 잠이 오지 않아 혼잣말을 하며 노트북을 열고 ADB 구인 사이트를 찾아보기 시작했다. Young Professional이라는 포지션을 뽑는 구인 공고가 내 눈에 들어왔고 만 32세 이하까지 지원 가능한데 그 해에 뽑힌다면 막차를 탈 수 있을 것 같았다.

"네가 한 tasks를 나열하지 말고 achievements를 나열해야 해" Plan B를 알아보는 중 나의 Resume와 cover letter를 리뷰해 준 회사 선배가 해준 조언이다. Job description에 나와 있는 키워드들을 최대한 비슷하게 Resume와 cover letter가 들어가게 작성하고 어떤 행위의 나열이 아닌 최대한 내가 만들어낸 성과의 나열로 완성했다.

"입사하게 되면 제 열정을 보여드리겠습니다." 많은 지원자들이 면접할 때 하는 말이다. 근데 그런 지원자들 중에 Resume와 cover letter에서 그 열정을 볼 수 없는 경우가 종종 있다. 이 지원자를 만나지 않았어도 Resume와 cover letter를 읽어보면 해당 분야에 대한 그 지원자의 열정이 느껴져야 한다. ADB Young Professional Program을 지원하면서 최대한 내 Renewable Energy와 국제개발에 대한 내 호기심과 열정이 느껴질 수 있도록 작성하는데 가장 중점을 두었다.

"여보 내 주제에 국제기구가 가당키나 한가? 큰 기대는 하지 말고 있어요" 지원 후에 아내에게 이렇게 말하고 기다리고 있던 어느 날 아침… 늘 그렇듯 일어나자마자 이메일을 체크하는데 갑자기 '뚜구둥' 하는 소리와 함께 "축하드립니다. 비디오 인터뷰에 초대하고 싶습니다."라는 이메일이 왔다. 그 이후로 독일에서 한 화상 사전 인터뷰, 필리핀 마닐라까지 날아와서 한 심층면접까지 빠르게 진행되었고 2010년 6월에 Young Professional로 최종 합격하게 되었다.

"저는 제가 쌓아온 Renewable Energy라는 전문성을 International Development Financing이라는 통로를 통해 Poverty Reduction이라는 문제를 푸는 데 특히 energy access의 관점에서 사용해 보고 싶습니다. 다른 기관도 있지만 제가 아시아인(Asian)이기에 ADB가 가장 적합한 기관이라고 생각합니다." 나중에 나를 뽑은 국장님께서 내가 한 이 대답이 좋아서 뽑았다고 하셨다. 최종면접 당일에 아침 9시부터 오후 5시 정도까지 전문분야(technical interview), lunch with other colleagues 그리고 employment potential interview가 이루어진다. 내 분야에 대한 전문성, 동료들과의 소통능력 그리고 이 조직과 fit이 맞는지 국제개발에 대한 자신만의 철학까지 다양한 질문이 쏟아졌다. 한두 문장으로 내가 어떤 사람인지, 어떤 분야에서 전문성을 쌓아온 사람인지, 또 앞으로 어떤 분야에서 그 전문성과 경험을 적용(apply)해 보고 싶은지 설명하려고 준비해 갔던 것이 중요하지 않았나 싶다.

Part 2 : 14년 동안의 근무 경험에서 오는 조언

"스펙이 너무 좋은 지원자인데 ADB 안에 많은 Specialist 포지션 중 어떤 포지션에다 놓고 이 지원자를 심사해야 할지 잘 모르겠어요. 한 분야에 전문성이 확실치가 않아요." 몇 년 전 있었던 국제금융기구 채용설명회에 들어온 한국인 지원자들의 이력서를 리뷰하고 채용담당자에게 내가 한 말이다. 지원자들의 소위 스펙이 너무 훌륭했다. 그런데 어떤 한 분야/섹터에서 쌓은 전문성이 보이는 지원자는 의외로 많지 않았다.

“만약 ㈜대한(가칭)에 입사했다고 가정하면, 입사 후부터 기업 입장에서는 빠르게 대한맨으로 만들려고 하지 어떤 전문가로 키우려는 노력은 부족한 것 같아요.” 한국에서 커리어를 쌓아오신 많은 선후배 분들에게 들은 말이다. ADB는 물론 많은 국제기구들은 그 포지션에서 입사 첫날부터 바로 업무를 수행하고 프로젝트를 (많은 경우 단독으로) 이끌어 갈 수 있는 전문가를 뽑고자 한다. 기재부에서 주최하는 이 채용박람회에 참석한 분들 중에는 아직 학생이거나 주니어 레벨에서 커리어를 쌓아가고 있는 분들이 꽤 있을거라 예상된다. 만약 국제기구나 더 나아가 해외 취업을 꿈꾸고 계신다면 확실한 자기만의 전문성을 쌓을 수 있는 회사/기관에 들어가서 “나는 무슨 전문가입니다.”라고 소위 명함이라도 내밀 수 있을 정도까지 근무하시길 추천한다.

이번 24회 국제금융기구 채용박람회를 통해 뜻하시는 국제금융기구 취업에 좋은 결과가 있기를 바라며 언젠가 현장에서 만날 수 있기를 기대해본다.

임우재

저는 현재 EBRD 런던 본사의 PSD(Policy Strategy and Delivery) 내의 디지털 허브(Digital Hub)팀에서 일하고 있는 임우재입니다. 2022년 초 EBRD의 5개년 전략 및 자본 프레임워크(SCF 2021-25)[1]의 일환으로 새롭게 설립된 팀에서 DTSP(Digital Transformation Support Programme)의 Operation Leader(Principal)로서 디지털 관련 투자, 정책 및 자문 업무를 담당하고 있습니다.

저는 2015년 에쿼티펀드(Equity Fund)팀에 조인하여 역내 사모펀드 투자 업무를 수행하면서 EBRD 커리어를 시작했습니다. 이후 에쿼티 포트폴리오(EPMU)팀에 합류하여 투자지분 가치평가 및 성과평가 업무를 담당하였고, 2021년에는 로테이션 트레이닝의 일환으로 기업 및 프로젝트 금융 신용리스크팀(Corporate and Project Finance Credit Risk)팀에서 신규 투자 건에 대한 리스크 분석 업무를 수행했습니다. 2023년 10월 Digital Hub팀에 합류하기 전까지는 기술, 미디어, 통신(TMT: Telecommunications, Media and Technology) 섹터팀에서 테크 스타트업에 대한 벤처 투자 업무(VCIP: Venture Capital Investment Programme)를 담당했습니다.

---

1 Fhttps://www.ebrd.com/what-we-do/strategy-capital-framework

EBRD에 조인하기 전, 저는 테크 스타트업에서 첫 커리어를 시작했습니다. 이후 외국계 IT기업과 전략 컨설팅펌에서 경영 자문 업무를 경험했으며, 대학원 졸업 이후부터는 신용평가기관에서 크레딧 애널리스트로서 프로젝트 파이낸스 업무를 담당하며 재무 분야의 전문성을 키웠습니다. 주요 업무로는 파이낸셜 모델링, 재무실사(듀 딜리전스), 시장 및 프로젝트 경쟁력 분석을 기반으로 한 국내외 PF 사업성평가와 금융 자문 등이 있었습니다. 또한, 교육 휴직 기회 동안 런던에서 재무학 석사 과정을 밟으며, 런던 소재 헤지펀드인 LNG Capital에서 애널리스트로 근무한 경험도 있습니다.

국제기구에 관심을 갖게 된 계기

대학시절 한일교류단체 활동을 하면서 다양한 국가 간 이슈를 조율하기 위한 곳으로서 국제기구의 역할에 관심을 가지게 되었습니다. 이후 대학원에 진학하여 연구 조교로서 KDI 공공투자관리센터(KDI PIMAC)의 프로젝트 파이낸스 리서치 프로젝트에 참여하면서 국제금융기구에 알게 되었습니다. KDI와 World Bank가 공동 주관한 국제세미나 등에 참석하며 IFC, ADB등의 개발도상국 투자 업무에 대해 알게 되었고 그때부터 국제금융기구에서 일해보고 싶다는 생각을 갖게 되었습니다. 그럼에도 당시에는 국제금융기구의 채용 프로세스나 포지션에 대한 이해가 부족하고 유관경험을 쌓는 것이 좋겠다는 조언을 들어 신용평가기관의 프로젝트 파이낸스 팀에서 경력을 쌓았습니다.

EBRD에 관심을 갖게 된 계기는 교육 휴직 중 런던에서 재무학 석사를 공부하며 참여한 대학원의 London Finance Experience 프로그램을 통해 EBRD를 방문한 것이었습니다. 이 프로그램을 통해 EBRD의 시니어 리더들로부터 직접 기구의 미션 및 운영 전반에 대한 이야기를 듣고, 개별적으로 재직 중인 뱅커들과도 만날 수 있었습니다. 이 과정에서 금융기관에 근무하면서도 이윤 추구를 넘어서 사회적으로 긍정적인 임팩트를 창출할 수 있는 투자가 가능하다는 생각을 하게 되었으며, 제 경험과 스킬셋이 EBRD의 가치와 잘 맞을 수 있다는 확신을 가지게 되었습니다.

EBRD 지원 동기 - Three Pillars를 중심으로

EBRD는 설립 초기부터 세 가지 주요 운영 원칙(Three Pillar)을 가지고 있습니다. 이 세 가지 운영 원칙을 기반으로 한 균형 있는 임팩트 투자를 통해 투자 대상국의 변화를 이끌어낸다는 점에서 파이낸스 분야에서 커리어를 쌓고 있는 EBRD는 저에게 매력적인 커리어 기회로 다가왔습니다.

첫 번째 운영 원칙은 "Transition Impact"입니다. 1989년 베를린 장벽[2]이 무너진 이후, 중동부 유럽의 구 공산권[3] 국가들이 시장경제 체제로 전환하도록 지원하는 것이 EBRD의 주요 사명입니다. 때문에 2014년 우크라이나 병합으로 인한 금융 제재 전까지 러시아는 EBRD의 가장 큰 투자 대상 국가였으며, 현재도 동유럽 지역은 주요한 투자 대상 지역입니다. 슬로바키아 및 카자흐스탄 등 구 공산권 국가의 해외 투자 사업성 평가 경험이 있는 저에게, 동유럽 및 중앙아시아는 리스크가 크지만 항상 흥미로운 투자 대상이었습니다. 또한, EBRD에서 시장 경제로의 Transition Impact에 기반한 투자 프로젝트 경험을 쌓는다면, 여전히 공산권 국가로 남아 있는 북한이 향후 시장을 개방할 경우 대북 경제 발전에 기여할 수 있겠다는 생각도 했습니다.

---

2 EBRD 본사 14층의 보드룸 앞에는 이를 기념하기 위해 베를린 장벽의 작은 벽돌들이 있습니다.

3 2014년 우크라이나 병합으로 인한 금융 제재로 인해 러시아에 대한 신규투자가 제한된 이후 EBRD는 기존의 동유럽에서 터키, 이집트 등 남부 및 동부 지중해 지역을 비롯해 서브 사하라 아프리카까지 투자 지역을 확대하고 있습니다.

두 번째 운영 원칙은 "Sound Banking"입니다. 이는 EBRD의 프로젝트가 견조한 투자 수익성을 기반으로 해야 한다는 것을 의미합니다. EBRD는 IFC, EIB등과 함께 상업적인 베이스의 투자를 중심으로 운영되며, 이러한 이유로 일반적인 은행 대출 외에도 사모펀드 및 벤처캐피탈(PEVC) 직간접 투자, 신디케이트 대출, 블렌디드 파이낸스 등 다양한 투자 방식을 적극적으로 활용하고 있습니다. 기업 금융 업무를 했던 저는 업사이드 잠재력 및 경영 참여가 가능한 지분 투자에 관심이 많았는데, 다이렉트 지분투자 및 사모펀드를 통한 간접 투자 펀드까지 다양한 지분 투자 프로젝트를 국제금융기구에서 담당할 수 있다는 점에서 EBRD는 매력적인 기구라고 생각했습니다.

마지막으로 "Additionality"는 EBRD의 투자로 인한 부가적 가치를 의미합니다. 즉, EBRD의 투자로 인해 민간 부문의 투자가 감소하지 않아야 합니다. EBRD는 자금 지원 없이도 수행될 수 있는 프로젝트에는 투자하지 않으며, 투자 프로젝트가 미치는 추가적인 경제적·사회적 영향, 예를 들어 디지털, 기후 변화, 젠더 및 에너지 효율, 로컬 커런시 마켓 등의 영향을 고려합니다. 이러한 방식을 통해 시장 격차를 해결하고 민간 투자를 촉진하는 것은 국제금융기구에서만 경험할 수 있는 임팩트 투자라고 생각했습니다.

한때 민간 금융권에서 근무하며 '정년까지 일하게 된 후 나는 어떻게 기억되고 평가될 것인가?'라는 고민을 한 적이 있었는데 EBRD라는 국제금융기구는 사회적 기여와 개인적 성취를 균형 있게 추구할 수 있다는 점에서 최선의 선택이라고 생각했습니다. 더불어 런던의 금융가에서 국제금융 업무를 배울 수 있다는 점도 무시할 수 없는 장점으로 다가왔습니다.

EBRD 채용되기까지

2016년 한국 JPO 프로그램이 시작되기 전까지 대부분의 한국인은 인턴십을 통해 경험을 쌓고 내부에서 다시 좋은 평가를 받아 장기계약 혹은 정규직 기회를 얻는 방식으로 EBRD에 진출해왔습니다. 저 역시 EBRD의 에쿼티펀드(Equity Funds)팀에 인턴으로 합류하여 에쿼티(EPMU)팀에서 정규직 오퍼를 받았습니다. 이후 경력 관리를 위해 크레딧(CPF Credit Risk)팀, 뱅킹(TMT/VCIP)팀 그리고 정책(Digital Hub)부서에서 근무했습니다.

JPO 프로그램이 활성화된 2017년 이후부터는 기획재정부 주관으로 매년 11월 한국에서 개최되는 국제금융기구 채용설명회 기간 중에 실시되는 EBRD JPO 채용 프로세스를 통해 입사하는 경우가 점차 늘고 있습니다.

자료 조사

가능한 한 EBRD 웹사이트를 자주 방문하여 관심있는 섹터 및 주제에 대한 문서를 읽고, Transition Report와 같은 정기 보고서와 뉴스레터를 통해 EBRD가 최근 수행한 프로젝트 등에 대한 지식을 쌓는 것이 좋습니다. 개인적으로 EBRD의 경영 전반을 이해하는 데 도움이 되었던 것은 웹사이트에 공시된 섹터 소개[4], 투자 전략 및 S&P, Moody's, Fitch의 EBRD 크레딧 리포트[5]였습니다. 이를 통해 EBRD의 투자 전략, 성과 및 최근 크레딧 이슈 등을 대해 쉽게 파악할 수 있었습니다.

CV와 Cover Letter 작성

국제기구에 지원할 때 가장 중요한 것은 자신의 전문성과 강점을 최대

4 https://www.ebrd.com/what-we-do/sectors-and-topics.html

5 https://www.ebrd.com/work-with-us/capital-markets/investor-information.html

한 부각시키는 것이라고 생각합니다. CV는 가능한 한 1페이지 이내로 간결하고 명료하게 자신이 참여했던 프로젝트와 담당 역할, 그리고 대학/대학원에서의 전공 분야를 지원하는 포지션과의 연계성을 고려하여 작성하는 것이 좋습니다. 완벽한 CV는 존재하지 않습니다. 한번 작성한 CV는 현직자나 직장 동료로부터 리뷰를 받아 지속적으로 수정해야 합니다. 저는 영미권의 비즈니스 스쿨의 CV 작성 방법[6] 및 템플릿 등으로부터 많은 도움을 받았고 MBA CV/Resume Book[7]도 다수 참조하였습니다.

Cover letter는 CV에서 다루지 못한 지원 동기, 관심 분야, 그리고 자신이 적임자라고 생각하는 이유를 기술할 수 있는 곳입니다. 간혹 지원자들 중에는 국제기구에서 일하는 것이 오랫동안 꿈이었다는 내용을 Cover letter에 포함시키기도 하지만, 이는 채용 매니저 입장에서는 그 사람을 꼭 채용해야 할 이유가 되지 않습니다. 따라서, 본인만의 구체적인 지원 동기를 기술하여 채용 매니저에게 기억에 남을 수 있는 내용을 작성하는 것이 더 바람직합니다.

현직자와의 네트워킹

LinkedIn을 통해 메세지를 보내거나 지인 소개 등을 통해 EBRD 재직 중인 스탭과 커피챗 같은 네트워킹을 하는 것은 관심 있는 직무에 대한 정보를 얻는 데 매우 유용합니다. 런던 금융권에서는 커피챗이 상당히 흔한 편이며, EBRD 오피스의 16층 커피 바에서도 자주 볼 수 있습니다. 커피챗의 주요 목적은 직무와 관련된 질의응답으로, 일반적인 질문으로는 데일리 업무 내용, 해당 직무를 위해 반드시 준비해야 할 사항, CV/Cover Letter

6 예시- https://careerservices.upenn.edu/channels/resume/

7 예시- https://hcmg.wharton.upenn.edu/wp-content/uploads/2023/11/01975-1000_2024-ResumeBook-PDF.pdf

리뷰 가능 여부, 향후 채용 일정 및 프로세스 등이 있습니다.

저 역시 EBRD의 에쿼티펀드팀에 조인하기 전에 현직자 분들과 2~3번의 커피챗을 통해 인터뷰 준비에 대한 도움을 받았으며 입사 이후에도 크레딧(CPF Credit Risk), 뱅킹(TMT/VCIP) 그리고 정책(Digital Hub) 부서에 지원하기 위해 해당 팀의 사람들과 커피챗을 하며 그들의 담당 업무, 경력 관리 등에 대한 조언을 들었습니다.

지원자가 한국에 있는 경우에는 화상통화를 통해 미팅을 진행할 수 있으며, EBRD 스탭과 직접 연결이 어렵다면, 매년 11월에 열리는 국제금융기구 채용 설명회에 참석하는 HR 스탭 등 현직자들을 통해 관심있는 부문의 컨택 포인트 정보를 요청할 수 있을 것입니다.

지원 및 인터뷰

일반적으로는 EBRD Job 웹페이지를 통해 관심 분야에 대한 채용 공고를 확인하고 지원하거나 학교의 Career portal에 게시된 EBRD 채용 공고를 보고 CV와 Cover Letter를 제출하여 지원하게 됩니다. 한국 JPO 프로그램의 경우 국제금융기구 채용설명회 웹페이지[8]에서 ERBD JPO 채용 정보를 확인하고 지원하면 HR에서 이를 검토하고 인터뷰 대상자를 선발합니다.

1차 인터뷰는 Preliminary interview입니다. 정해진 기준에 부합한다고 판단된 지원자를 대상으로 대면 또는 화상 인터뷰를 실시하며 한국의 경우 기획재정부 주관으로 개최되는 Job fair 기간 중에 실시합니다. 1차 인터뷰는 인터뷰어 2명(HR 1인 포함)과 각 45분간 case 및 fit 인터뷰를 진행하는 방식입니다. 해외 상위 대학에서 경영학이나 경제학 석사학위를 받은 사람 중에서, 투자 관련 경험(기업실사, M&A), 개발도상국에서 일한

8 http://www.ificf.com

경험, EBRD 투자 대상국에 대한 연구 경험이 있는 사람에게 유리하며, 지원 동기와 자기 경력과 관련되는 분야에 관한 지식을 주로 묻습니다.

2차 인터뷰는 Panel interview입니다. 1차 인터뷰를 통과한 사람을 대상으로 대면이나 화상 인터뷰로 진행되며 패널은 관리자급 매니저와 스태프 등 3~4명으로 구성됩니다. 한 시간 정도의 인터뷰 시간 동안 본인 경력에 대한 질문, 투자/연구 관련 경험에 관한 질문, 일반 HR 질문 등이 주어집니다. 제 경우에는 Walk me through your resume, Why EBRD 등이 첫 질문이었고, 투자 관련해서는 Investment Pitch 관련 질문으로 '25m 유로가 있다면 어느 섹터 어느 나라에 투자할 것인가?'로, 이에 대한 답을 하면 패널이 후속 질문을 하며 얼마나 설득력 있고 논리적으로 답하는지 평가합니다.

팀에 따라서는 금융 회계 지식 및 Writing 스킬을 테스트 하기도 합니다. 별도의 미팅 룸에서 재무제표와 노트북만 주어진 상태에서 DCF에 기반한 기업가치 평가 모델을 만들거나, 기업 분석 보고서를 작성하여 1시간 내에 제출하는 것을 테스트하기도 하고 특정 섹터팀의 경우 케이스를 읽고 3시간 내에 LBO 모델을 작성하도록 요청하는 경우도 있습니다. 테크니컬 스킬의 경우 미리 준비할 수 있는 분야인 만큼 좋은 평가를 받아 자신을 특화할 필요가 있습니다.

저는 인터뷰에서는 Equity Investment Management, Corporate Valuation, Financial Statement Analysis, Project and Infrastructure Finance에 관련된 대학원 수업 및 유관 경험을 피력하려고 노력했습니다. 기존에 수행했던 프로젝트를 설명하기 위해 투자분석 보고서 포트폴리오를 인터뷰용으로 준비하기도 했습니다.

인터뷰 준비 단계에서는 지원 분야 예상 문제 리스트를 만들고 이 문제에 대한 답을 정리한 후 외울 수 있을 만큼 여러 번 읽으며 내용을 수정해

나갔습니다. 반드시 질문할 것으로 예상했던 지원 동기는 교수님과의 프로젝트 경험, EBRD 시니어 매니지먼트와 현직자들과의 만남 등의 이벤트를 중심으로 일종의 스토리텔링 형식으로 답변을 준비했습니다. 특히 제가 지원한 분야에 대해서는 전문 용어를 충분히 설명하고 이해할 수 있도록 준비했습니다. Job description을 숙지하고 잘 모르는 용어나 분야는 사전에 미리 공부해 둠으로써 최소한 기본적인 질문에 대비했습니다.

지원 및 인터뷰 프로세스에서 일정 수준 이상의 영어 구사 능력, 특히 영어 보고서 작성 능력은 매우 중요합니다. 하지만 네이티브와 같은 완벽한 영어 실력을 갖추는 것보다는 자신의 논리를 명료하게 말과 글로 전달하는 것이 핵심입니다. 이것은 GMAT/GRE과 같은 시험처럼 단기간 안에 향상시킬 수 있는 것이 아니므로 충분한 시간을 두고 준비해야 합니다. 다만 인터뷰 영어에 한정해서는 철저한 준비와 반복적인 연습으로 어느 정도 언어적 이슈를 상쇄 시킬수 있다고 봅니다. 인터뷰 준비 시에는 반드시 동료나 커리어 멘토 등과 Mock 인터뷰를 하고 이에 대한 피드백을 받으며 준비하시길 권장합니다.

입사 및 정규직 전환으로

입사하게 되면 한정된 기간 동안 낯선 조직에서 최대한의 능력을 발휘해야 합니다. 사실상 팀 내 평판을 결정할 수 있는 첫해 동안은 복장부터 근무 태도까지 모든 일에 적극적으로 임하는 자세가 중요합니다. 정규직 전환을 고려할 경우 계약 기간 중 일했던 팀 내 평판 조회를 하는 경우가 많기 때문입니다. 팀 동료 및 매니저로부터 좋은 평가를 받지 못할 경우, 뛰어난 경력을 갖고 있지 않다면 정규직 지원 시 좋은 결과를 기대하기 어렵습니다. 국제기구일수록 다인종, 다문화이므로 인력 채용 시 팀원과의 친화력, 환경 적응력, 업무 추진력을 중시하기 때문에 이러한 평가가 매우 중요합니다.

저는 EBRD 지원자 입장일 때는 일단 입사가 먼저였기 때문에 이후에 펼쳐질 일에 대해선 크게 관심을 두지 못했습니다. 따라서 불안정한 계약직 신분으로 해외에서 일을 시작한다는 것이 어떤 것인지 제대로 알지 못했던 것 같습니다. 입사 이후에 가장 힘들었던 점은 조직의 업무 환경에 적응하는 것이었습니다. 많은 회의를 통한 의사결정 과정, 특정 이슈를 해결하기 위한 타 부서들과의 계속되는 회의 과정은 이전 회사에서는 경험해보지 못했던 것이었습니다. 그렇지만 국제금융기구에서 일하고 싶은 열망이 강했기 때문에 자체적으로 동기부여가 잘 되어 있었고 유학부터 커리어 결정까지 모든 것을 혼자 결정해야 하는 상황이었기 때문에 오히려 원하는 투자 업무에 온전히 집중할 수 있어서 심적으로는 더 편할 수 있었던 것 같습니다.

더불어 팀 리트리트와 에쿼티 연말 행사 등을 통해서 많은 현지 직원들 교류할 수 있었고 첫 해 동안은 매주 금요일 오후의 팀 드링크에 빠지지 않고 참석하여 동료들과 친분을 쌓았습니다. 런던 본사의 타 부서 직원들과는 농구, 스쿼시 모임 등 스포츠 활동에 참여하면서 알게 되었는데 이는 EBRD에 적응하는 데 큰 도움이 되었습니다.

개인적으로 도움이 되었던 것 중 하나는 EBRD 한국분들과의 모임입니다. 현재 EBRD에는 40여 명의 한국분들이 근무중이고, 지속적으로 모임을 가지고 있습니다. 많은 외국인들 가운데서 외로움을 느낄 때도 있지만, 기구 내의 같은 부서 혹은 다른 부서에 한국 사람들이 함께 근무하고 있으니 업무상 힘들 일이 겪거나 커리어 조언이 필요할 때마다 큰 격려가 되었습니다.

마치며

입사 과정을 돌이켜보면, 처음부터 구체적으로 국제기구에서 근무하는 것을 목표로 하지는 않았지만, 현재 상황에 머무르지 않고 자신을 개발하기 위한 노력을 했던 것이 결과적으로는 큰 도움이 되었습니다. 금융과 국제기구라는 두 축을 늘 관심사로 두며 했던 다양한 저의 활동들이 EBRD에서 커리어를 시작하고 발전시키는 과정에서 연결된 점들이 되어 도움을 주고 있으니, 지원을 고려하시는 분들 역시 어떤 경험이든 금융과 국제기구라는 두 축으로 해석할 수 있는 경험을 쌓으시기를 조언하고 싶습니다. 더불어 당부하고 싶은 부분은 매년 기획재정부가 주관하는 국제금융기구 채용설명회에 참여해서 가장 업데이트된 채용 정보를 얻으시라고 권장드립니다.

모든 국제금융기구는 고유한 미션을 가지고 있습니다. EBRD는 시장 경제로의 전환을 지원함과 동시에 민주주의 제도 강화에 기여하는 것을 목표로 설립된 기관입니다. 다소 이상적인 EBRD의 설립 취지에 공감하고 뛰어난 역량과 스킬로 이 미션을 실현시킬 수 있는 한국 분들이 분명 많이 있을 것으로 생각합니다. 그런 분들을 EBRD에서 만나 뵙고 싶습니다. 런던에서 여러분을 기다리겠습니다.

엄재희[1]

Young Professional을 위한 특별한 기회

저는 필리핀에서 태어나고 자라면서 지역 사회에 긍정적인 영향을 미치는 것을 커리어 선택에 있어 항상 중요한 요소라고 생각했습니다. 사람들의 삶을 개선하고, 살기 좋은 지구를 만드는 데 중점을 둔 국제기구에서 일하는 것은 목표에 부합하는 자연스러운 선택이었습니다. 그 목표를 위해 학부는 International Agriculture and Rural Development를 전공하며, 개발 이론과 우리가 직면한 문제들, 그리고 그 해결책들이 복잡하게 얽혀 있다는 점을 배웠습니다. 학부 과정 중, 그리고 그 이후에도 여러 연구 기관과 국제기구에서 인턴십을 하며 현장의 실제 경험을 통해 이론적인 학습을 보완할 수 있었습니다.

국제기구에서 일하기 위해서는 석사 학위가 필요하다는 것을 깨닫고, Emerging Economies and International Development 복수 학위 프로그램을 하며 기후 변화에 중점을 두었습니다. 석사 과정을 마친 후, 국제기구에 채

1 글쓴이는 Cornell University에서 학사 학위를 취득한 후 King's College London과 연세대학교에서 복수 석사 학위를 취득했다. 현재 AIIB에서 Strategy and Policy Associate로 근무하고 있다. jehee.um@aiib.org

용되기 위해 여러 채용 박람회와 네트워킹 기회에 적극적으로 참여하고, 꾸준히 채용 공고에 지원하면서 인턴십과 컨설턴트로 경력을 쌓아 AIIB에 지원할 수 있었습니다.

AIIB는 Young Talent Program의 일환으로 'Graduate Program'이라는 특별한 프로그램을 운영하고 있습니다. 이 프로그램은 1~2년의 관련 업무 경력을 가진 사람들을 대상으로 하며, 다양한 부서를 순환하며 전문 기술과 경험을 쌓을 수 있는 2년간의 프로그램입니다. 다른 국제기구의 YPP와는 다르게 초기 커리어 단계의 사람들에게 기회를 제공합니다. 저는 첫 번째 기수로서 전략 부문(Strategy Stream)에 선발되었습니다. 2년 동안 다양한 업무를 경험하고 여러 사람들과 같이 일하며, 그들이 자연스럽게 좋은 멘토가 되었습니다. 이 프로그램에 관심 있는 분들께 드리고 싶은 조언은, 해당 연도의 공고된 포지션을 잘 검토한 후 자신의 경험과 배경이 어떻게 부합하는지 확인하고 지원하는 것이 중요하다고 생각합니다. 그리고 확신이 없어도 우선 지원서를 제출하는 것이 첫걸음입니다.

채용 절차는 (1) 온라인 지원서 제출(CV와 커버레터), (2) 필기 시험 및 영상 인터뷰, (3) 패널 인터뷰, (4) 1:1 인터뷰로 진행됩니다. 다만 채용 과정은 포지션에 따라 다를 수 있습니다. 물론 모든 단계는 영어로 진행됩니다. 저는 준비 과정에서 가장 중요한 부분은 자신의 배경과 경험이 해당 포지션의 요구 사항과 일치하는지 확인하는 것이라고 생각합니다. 국제적인 경험이나 다양한 배경의 사람들과 일해본 경험도 큰 도움이 됩니다. 인터뷰에서는 behavioral 질문에 대한 철저한 준비가 필요합니다. 다양한 시나리오를 떠올리고, 그에 맞는 예시를 STAR 방식(Situation, Task, Action, Result)으로 명확하게 전달하는 연습을 해야 합니다. 또한 저는 AIIB 웹사이트에서 제공하는 기업 전략과 정책, 최신 뉴스와 인터뷰 등을 읽으면서 채용 담당자들이 무엇을 찾고 있는지, 무엇을 중요하게 생각하는지, 그리고 제가 해당 포지션에 어떻게 기여할 수 있을지 깊이 이해하려고 노력했습니다. 지원서를 제출하는 것이 가장 중요한 첫걸음입니다. 만약 이 포지션이 적합하지 않더라도, HR 및 채용 팀이 기록을 보관하고 더 적합한 포지션이 생기면 연락을 줄 수 있기 때문입니다.

김병완[1]

다자개발은행에서의 5년, 허심탄회한 소회

처음부터 국제기구에서 일하는 꿈을 가지고 있던 것은 아니었습니다. 박사 과정 때는 국가 출연기관에서 3년간 근무하면서 국내 기업들의 정보화 진단 사업에 참여했었고, 박사 학위를 받은 이후에는 민간경제연구소에서 10여 년간 글로벌 ICT 산업 및 기업에 대한 분석을 담당했습니다.

국제기구의 기회는 우연하게 찾아왔습니다. 오랜 시간을 국내에서 근무하다 보니 글로벌 업무를 경험해보고 싶다는 욕구가 커질 때쯤 근무하던 민간경제연구소에서 해외 주재원을 하게 되었고, 그러던 중 현지 AIIB의 ICT 전문 투자관 채용공고를 접하게 되었습니다.

10년간 몸담았던 회사를 그만두고 한 번도 경험해 보지 못한 국제기구로 이직하는 결정은 쉽지 않았습니다. 다니던 회사에 대한 애정도 컸고 오랜 기간 쌓은 성과를 뒤로 하고 전혀 다른 분야에 도전한다고 하니 주변에서 무모하다는 말들도 많았습니다.

---

1 글쓴이는 연세대학교 정보산업공학과에서 학사, 석사, 박사 학위를 취득했고 AIIB 입사 전 삼성경제연구소 산업전략1실 수석연구원, 삼성경제연구소 북경오피스 주재원으로 근무했다. 현재 AIIB에서 Senior Investment Officer로 근무하고 있다. beongwan.kim@aiib.org

그러나, AIIB가 추구하는 핵심 가치(Thematic Priorities)는 그만큼 매력적이었습니다. 4개의 핵심 가치 즉, 친환경 인프라(Green Infrastructure), 연결성 및 지역 협력(Connectivity and Regional Cooperation), 기술 기반 인프라(Technology-enabled Infrastructure), 시중 기금 유치 촉진(Private Capital Mobilization)은 AIIB가 투자 여부를 판단할 때 가장 먼저 적용하는 지표입니다. 단순히 자본 수익만을 추구하는 것이 아니라, 다자개발은행으로서 회원국들의 건강한 발전과 공영을 추구한다는 점은 여느 민간기업에서는 경험할 수 없는 비전이라고 생각했습니다. 특히, AIIB가 2030년까지 공공(Sovereign)과 민간(Non-sovereign, Private) 투자 비중을 각각 50%, 50%로 균형을 맞춘다는 야심 찬 계획을 가지고 있던 것도 민간기업 출신이었던 저에게는 이직을 결심하게 된 중요한 요인이었습니다.

2020년 1월 AIIB에 입사한 이후로 벌써 5년이 되어 갑니다. 그동안 경험한 AIIB와 다자개발은행에 대한 소회를 부족하지만 허심탄회하게 적어 보려고 합니다.

두 마리 토끼 잡기

언급한 것처럼 다자개발은행은 자본 수익(Capital Gain)과 개발 효과(Development Effect)를 동시에 추구해야 하는 조직입니다. 즉, 회원국으로부터 출자한 자본으로 은행이 성장할 수 있는 이익을 창출해야 할 뿐 아니라, 투자 수혜국의 고용과 소득 증대, 환경오염 개선, 지속 가능 발전 토대 마련 등에 기여할 수 있어야 합니다. 최근 공기업, 사기업 할 것 없이 ESG(Environmental, Social and Governance)의 책임이 강조되고 있고, 대다수의 기업이 이를 실천하려고 노력하고 있습니다. 그러나, 아직까지 많은 민간기업들은 이를 경영의 근본으로 보기보다는 어쩔 수 없이 따라야 하는 의무 정도로 인식하고 있는 것이 사실입니다. ESG를 설립의 목적과 경영의 근본으로 삼는 다자개발은행과는 프로젝트의 가치 판단 시에 사뭇 다른 행보를 할 수밖에 없는 이유입니다.

프로젝트가 어떤 개발 효과를 이끌어낼 수 있을지 고민하고, 이를 극대화하기 위해 프로젝트 파트너와 논의를 거듭하는 일은 보람이 큽니다. 특히, 투자 이후 실제로 발현되는 개발 효과를 보게 되면 더욱 그렇습니다. 그러나, 자본 수익과 개발 효과를 동시에 추구하기란 쉽지 않은 일입니다. 특히, 비교적 안정적인 수익률이 보장되는 프로젝트의 경우에는 더욱 그렇습니다. 다자개발은행은 해당 프로젝트가 UN에서 금지하는 원료를 사용하는 것이 아닌지, 공정에서 유해물질을 방출하지는 않는지, 운영 과정에서 안전사고를 적절히 예방할 수 있는지 등을 매우 꼼꼼하게 체크하고 엄격한 기준을 요구합니다. 요즘 민간 투자기관도 나름의 ESG 기준을 적용한다고는 하나, 그 엄격함의 수준에 있어서 다자개발은행과는 큰 차이가 있습니다. 그래서 매력적인 수익률을 가진 프로젝트라면, 여러 투자자가 줄을 서 있는 경우라면, 파트너가 덜 엄격한 투자자를 선택하는 경우가 생기게 마련입니다. 그럼에도 불구하고 파트너를 끝까지 설득하고 프로젝트에 투자를 이끌어내는 과정은 매우 어렵습니다.

진흙 속에서 진주 찾기

다자개발은행이라는 명칭에서도 알 수 있듯이, AIIB가 존재하는 목적은 '덜 개발된 곳'의 개발을 촉진하는 것입니다. 그래서, 자연스럽게 다자개발은행의 초점은 선진국보다는 신흥국에 있습니다. 그러나 일반적인 투자자들은 선진국을 선호합니다. 선진국이 가진 인재의 풀, 인프라 여건, 프로젝트 경험 등이 신흥국에 비해 우수하기 때문에 비교적 안정적인 수익률이 가능합니다. 그렇지 못한 신흥국의 경우 프로젝트 투자 수익률이 높을 수 있다고 해도 그만큼 리스크가 따르게 마련입니다. 이 딜레마는 다자개발은행에 좀 더 까다롭게 적용됩니다. 은행의 초점이 신흥국 투자에 있기 때문에 선진국 투자는 원칙적으로 어렵습니다. 그런데 안타깝게도 프로젝트가 매력적이면서 최저 기준의 RAROC(Risk-Adjusted Return on Capital)가 보장되는 신흥국의 프로젝트를 찾기란 쉽지 않습니다. 정부가 보증하는 공공 프로젝트에 비해 적절한 보증인이 없는 민간 프로젝트의 경우는 더욱 어렵습니다.

저는 AIIB의 투자국에서 한국 기업의 신흥국 진출을 돕는다는 사명감으로 일하고 있습니다. 대한민국은 AIIB의 5대 주주이고 AIIB의 각 부서마다 훌륭한 한국인 직원들이 포진해 있습니다. 어느덧 한국은 선진국의 반열에 올랐고, 여러 대기업뿐 아니라 선진 기술력을 가진 강소(强小) 기업들이 많이 있습니다. 이들이 영위하는 비즈니스 중에는 단지 한국뿐 아니라 신흥국을 겨냥하는 것들도 있고, 이들이 가진 기술 중에는 신흥국에도 적용될 수 있는 것들이 많습니다. 한국의 제품, 영화와 드라마, 노래가 글로벌 트렌드가 되고 있다고는 하지만, 아직까지 신흥국 사업을 어떻게 해야 하는지 잘 알지 못하는 기업들이 많습니다. 이런 한국 기업들을 찾아내는 것이 관건입니다. 기술력을 인정받은 한국 기업들과 AIIB의 파트너십은 신흥국 리스크를 헤지할 수 있는 여러 방안을 마련할 수 있습니다. 한국 기업들이 국내 여건상 해외 사업을 위한 자금 조달이 어려울 경우에 초반부터 함께 논의하면서 신흥국 사업을 개발하는 데 많은 시간을 쏟고 있습니다.

일과 삶의 균형 찾기

세계 각국의 파트너와 일을 하다보니 낮과 밤의 구분이 없고 야근이라는 개념도 의미가 없습니다. 저는 하루에도 최소 두세 번 미국과 브라질의 파트너와 비디오 콜을 합니다. 이런 상황에서는 삶의 질을 찾는 것도 중요합니다.

국제기구에서는 당연히 영어를 써야 하지만, 중국에 본사가 위치한 AIIB의 경우에는 다른 허들이 있습니다. 바로 언어의 문제인데 회사 밖을 나가면 영어가 통하는 곳이 많지 않습니다. 물론, 외국인이 모여사는 지역이나, 똑똑한 대학생들이 있는 대학가에서는 영어만 써도 괜찮습니다만, 대부분의 지역에서는 영어만 가지고 생활하기에 많은 제약이 따릅니다.

그러나, '아는 것만큼 보인다'고 어느 나라에서 살든지 간에 그 나라의 언어를 최소한이라도 익혀야 그 나라의 문화를 이해하고 더 많이 즐길 수 있다고 생각합니다. AIIB에서 근무하게 된다면 중국어를 어느 정도 익히는 것을 추천합니다. 현재의 국제 분쟁은 차치하고, 시간이 날 때마다 베이징 교외 지역이나 베이징 외 다른 성(省)과 시(市)를 여행하면서 아름다운 풍경을 즐기고 순박한 사람들을 만나고 산해진미를 경험할 수 있다는 것은 너무나 큰 매력입니다.

마치며

국제기구에 취업을 목표로 하는 많은 학생들이 있다고 알고 있습니다. 다년간 민간기업에서 근무하다가 국제기구로 몸을 옮긴 선배로서 감히 말씀드리자면, 국제기구에서의 근무는 길든 짧든 많은 것을 배울 수 있는 가치 있는 경험이 될 수 있습니다. 특히, 다자개발은행에서 민간투자 업무를 담당하는 것이 꿈이라면 조바심 내지 말고 민간기업의 경험을 두루 거치고 다자개발은행에 도전하는 것도 방법이라고 조언하고 싶습니다.

김지은[1]

대학 시절 경제학을 전공하면서 가장 인상 깊게 들었던 강의는 한국의 경제개발 경험을 개발도상국에 전수하는 것을 목적으로 산업발전 모형을 탐색하는 수업이었습니다. 그때부터 막연하게 국제개발협력과 국제기구 업무에 관심을 갖게 되었습니다. 졸업 후, 근무하게 된 첫 직장은 금융감독원으로 국제개발협력 분야와는 거리가 멀었습니다. 그러나 우연한 계기로 한국에 사무소를 신설한 국제투자보증기구(MIGA)로 이직을 하게 되었습니다.

안정적인 직장을 포기하기란 쉬운 결정은 아니었지만, 국제기구에 대한 동경과 호기심이 더 강했습니다. 그렇게 옮겨간 직장에서 새로운 업무 환경과 조직 문화에 적지 않은 충격을 받았고 적응을 하는 데 상당한 어려움을 겪었습니다. 그렇지만 새 직장에서 조금씩 엿보게 된 세상은 참으로 근사한 곳이었습니다. 국제 빈곤 해소라는 가치를 실현하기 위해 다양한 국적과 인종의 사람들이 한 팀을 이뤄 일한다는 사실에 가슴이 설렜습니다.

1 글쓴이는 서울대학교 경제학부, 영국 옥스퍼드대 금융경제학 석사, 독일 Hertie School of Governance, 프랑스 Sciences Po 정책학 석사를 취득하고, 금융감독원, 국제투자보증기구(Multilateral Investment Guarantee Agency) 한국사무소 Operations Analyst를 거쳐 현재 OECD 개발협력국(Development Cooperation Directorate) Policy Analyst로 근무하고 있다.

MIGA에서 2년간의 컨설턴트 기간을 마치고 유럽으로 유학을 가게 되었습니다. 제가 다니던 시앙스포 대학원에는 OECD에서 인턴십 또는 파트타임 근무를 하는 학생이 상당수 있어서 자연스럽게 정보를 찾아보게 되었습니다. 지역적 근접성과 접근 용이성 외에도 제가 OECD에 특별히 관심을 갖게 된 이유가 있었습니다. 그동안 일을 하면서 직접 사업을 수행하기보다는 정책 차원의 분석과 연구가 적성에 맞다는 것을 알게 되었고, 이러한 성향은 다른 국제금융기구보다 OECD와 더 잘 맞다고 판단했던 것입니다.

그리고 졸업을 앞둔 시점에서 결국 저에게 맞는 채용 공고가 올라왔습니다. 개발협력 정책을 논의하는 개발원조위원회(Development Assistance Committee)의 사무국 역할을 하는 개발협력국에서 모집하는 자리로, 개발도상국에 유입되는 재원 동향을 분석하고 관련 정책을 연구하는 포지션이었습니다. 채용 과정은 서류 심사, 필기 시험, 대면 면접 총 세 단계에 걸쳐서 이루어졌습니다.

서류 심사 단계는 학력 및 경력 사항을 검증하는 절차로, 특별한 지원 전략이 필요하지는 않았던 것 같습니다. 지원 동기를 작성하는 데 상당한 정성을 들였던 기억이 나지만, 서류 합격 여부에 과연 얼마나 큰 영향을 미쳤을지는 모르겠습니다. 다만, 최종 단계에서는 면접관들이 서류 전형에서 제출한 지원 동기 및 자기소개서를 참고한다는 것을 확인했습니다.

필기 시험 단계는 보다 전략적인 준비가 가능했습니다. 직무 기술서 내용을 꼼꼼하게 읽어보면서 해당 직무와 관련된 OECD의 기존 보고서를 찾아봤습니다. 특히 해당 정책 분야의 문제점으로 제기되는 요소와 그것을 해결하기 위한 정책 제언을 중심으로 보고서 내용을 정리했습니다.

나중에서야 알게 된 사실이지만, OECD 필기 시험은 여러 가지 유형이 있는데, 고위 간부의 연설문 또는 언론 기고문을 작성해야 하는 경우도 있고, 데이터 자료를 토대로 통계 분석을 요구하는 과제가 주어지기도 합니다. 보통 필기 시험은 한두 시간이라는 비교적 짧은 시간 내에 짜임새 있는 글을 작성하는 능력을 보여주는 것이 관건입니다. 물론 잦은 영어 문법 오류 등은 필기시험의 확실한 탈락 이유가 되겠지만, 영어 표현 능력 자체가 주 평가 대상이 되지는 않습니다. 수려한 문장력보다는 설득력 있는 논리 전개와 완결성 있는 구성을 갖추는 것이 더 중요합니다.

가장 어렵게 느껴진 관문은 면접 단계였습니다. 질문 내용은 전문지식을 요하는 기술적(technical)인 내용과 행동 면접(behavioral) 질문이 포함되어 있었습니다. 일반적으로 제가 지원했던 것과 같은 주니어 포지션의 경우에는 행동 면접 질문이 다수를 이루는데 반해, 직급이 높아질수록 기술적인 내용이 많아진다고 합니다. 입사 면접 당시 행동 면접 질문은 직무 수행 중 예상되는 어려움을 어떻게 극복할지에 대한 내용이 많았던 것으로 기억합니다.

면접 준비를 하면서부터 가장 신경 썼던 부분은 이전 경력의 직무 연관성을 부각시키는 것이었습니다. MIGA에서의 경력은 당연히 개발협력 유관 업무로 분류되었지만, 첫 직장이었던 금융감독원에서의 경력도 직무 수행에 도움이 된다는 점을 인정받는다면 합격 가능성이 높아질 것이라고 기대했습니다. 제가 지원했던 직무는 OECD 내 다양한 부서의 통계자료와 연구 결과를 취합하여 개발도상국의 재원 확보를 최대화하는 정책 제언을 도출하는 것이었습니다. 저는 금융감독원에서 금융업 관계자들과 실무협의를 진행하면서 다양한 이해관계를 조율하고 합의를 이끌어내는 경험을 해본 것을 내세웠는데, 다행히도 면접관들에게 큰 호응을 얻었습니다. 한국 직장에서의 업무 경험과 일화를 소개한 것이 우리나라를 아직은 생소하고 멀게 느끼던 면접관들의 흥미를 유발하면서 좋은 평가로 이어졌던 것 같습니다.

입사 후 상당히 오랜 시간이 지났지만, 합격 사실을 알게 되었을 때의 감동과 첫 출근의 설렘을 떠올리면 아직도 미소가 지어집니다. 앞으로는 더 많은 분들이 제가 느꼈던 설렘과 포부를 안고 이곳에서 첫 출근을 하게 되기를 기대합니다. 꾸준한 관심을 갖고 기다리다 보면 기회는 분명히 찾아옵니다.

김성철

저는 현재 싱가포르에 위치한 AMRO에서 Specialist for Coordination and CMIM으로 근무하고 있는 김성철입니다. 저는 AMRO에서 ASEAN+3 재무 트랙의 Secretariat 지원과 CMIM 운영 방법 개편 방안 연구를 담당하고 있습니다.

저는 AMRO에 채용되기 전에는 기획재정부에서 국내 금융시장 및 국제 금융시장 분석, 금융시장 및 외환시장 안정을 위한 정책 수립, 그리고 G20 등 국제협력 업무 분야에서 근무하였습니다. 특히 과거 유럽 재정 위기와 2020년 코로나19 위기 대응 과정에서 국제 공조 및 지역금융 협력의 중요성을 절감하고 AMRO와 같은 국제기구에 관심을 갖게 되었습니다.

채용 공고 확인 및 채용 분야

국제기구에 지원할 때 가장 중요한 것은 자신의 전문성과 강점을 최대한 부각시키는 것이라고 생각합니다. AMRO의 경우 홈페이지 및 LinkedIn에 채용 공고를 게시하며, 정기적으로 공고를 내기 보다는 인력 필요 상황에 따라 수시로 채용합니다. 보통 3주에서 1개월의 마감 시한을 두므로 1주일에 한 번 정도 홈페이지 채용 공고를 확인한다면 늦지 않게 준비할 수 있을 것입니다.

AMRO는 1) 인사 및 조직, 2) 기획 조정 및 CMIM 지원, 3) 국가 및 지역 경제 감시(Country and Regional Surveillance), 4) 재정, 금융, 구조적 이슈를 다루는 기능적 감시(Function Surveillance) 등 크게 네 가지 분야에서 필요한 인재를 채용하므로 각 분야에 맞는 전문성을 강조하는 것이 중요합니다. 특히, 최근 기후 변화, 고령화, 디지털 전환 등 중·장기 구조적 변화가 강조되고 있으므로, 해당 분야에 대한 전문성이 있다면 매우 유리할 것입니다. 또한 AMRO는 역내 경제 감시 활동을 주도하는 기구이므로, 이러한 경제적 충격과 변화가 회원국에 미치는 경제적 함의를 이해하고 국가별 상황에 맞는 정책적 대응을 제시할 수 있는 능력이 중요합니다. ASEAN+3 회원국에는 선진국과 신흥국이 모두 포함되어 있으므로, 국가별, 집단별로 대응을 차별화할 수 있는 능력이 좋은 평가를 받을 것입니다.

CV와 Cover letter 작성

AMRO 지원은 AMRO 채용 공고 홈페이지(Work with Us)에서 학력, 경력 등 개인 정보를 입력하고, CV, Cover letter, other supporting document 등을 등록하는 방식으로 이루어집니다. CV는 1페이지로 작성할 필요는 없지만, 너무 길면 가독성이 떨어질 수 있으며 주요 업적이 잘 드러나지 않을 수 있습니다. 따라서 주요 경력과 채용 공고와 연관성이 높은 경력을 중심으로 가급적 3~4페이지 이내로 작성하는 것을 추천드립니다. CV를 작성한 후에는 현직자나 직장 동료에게 검토를 받아 지속적으로 수정하는 것이 중요합니다. 저는 영미권 비즈니스 스쿨의 CV 작성 방법과 템플릿, 그리고 MBA CV/Resume Book을 다수 참조하여 많은 도움을 받았습니다.

다음으로 Cover Letter와 other supporting document는 CV와 달리 제출이 의무적으로 요구되는 것은 아니지만, CV에서 다루지 못한 지원 동기, 관심 분야, 자신이 적임자라고 생각하는 이유를 기술할 수 있으므로 진지한 지원자라면 반드시 제출할 것을 추천드립니다. 국제기구에서 일하는 것이 오랜 꿈이었다는 추상적인 내용보다는 지원 분야에 대한 전문성 및 구체적인 지원 동기를 기술하여 채용 매니저에게 기억에 남을 수 있는 내용으로 작성하는 것이 바람직합니다. 저는 Cover letter에서 유럽 재정 위기(European Sovereign Debt Crisis) 당시 ESM(European Stability Mechanism)이 위기 극복을 위해 국제기구로 신설된 점과 이의 지원을 바탕으로 유럽 재정위기 진앙지였던 그리스가 2023년에는 투자 등급으로 신용등급이 회복되고 유럽에서 가장 빠르게 성장한 국가로 자리매김한 점을 들며, ASEAN+3 지역에서도 위기가 복잡다기화되는 상황에서 AMRO와 CMIM의 중요성이 더욱 부각될 것이므로 지역금융 안정을 위해 AMRO에서 근무하고 싶다고 작성하였습니다.

마지막으로 supporting document의 경우에도 의무 제출 사항은 아니지만, 본인의 장점을 부각시킬 수 있는 좋은 기회인 만큼 관련된 자료를 만들어서라도 제출할 것을 추천드립니다. 저는 CV에서는 한두 줄로밖에 표현하지 못하였던 해당 분야에 관련된 구체적인 과거 근무 경험과 연구논문 주요 내용 등을 2페이지 분량으로 작성하여 제출하였습니다.

채용 면접 요령

서류 통과 시 1차 인터뷰와 최종 인터뷰를 통해 합격자를 선발합니다. 저는 두 면접 모두 각각 1시간 정도로 한국에서 화상으로 진행되었습니다. 1차 인터뷰는 팀장(Group Head)급 인터뷰어 4명(해당 분야 팀장 3인 및 HR 1인 포함)과 약 1시간 진행되었습니다. 면접은 1~2분 내외의 간단한 자기소개로 시작되었으며, HR 담당 팀장이 주로 과거 근무 경력에 대해 질문하였고, 이어서 각 분야의 팀장들이 각각의 전문 분야에 대해 질의하였습니다. 저의 경우에는 CMIM Specialist 직위에 지원하였으므로, 주로 CMIM에 대한 이슈가 많이 나왔으며, 그 밖에도 주요 경제 이슈와 각 국가별 영향 및 대응 등에 대한 질문도 이어졌습니다. 구체적으로 CMIM 연혁, 의의, 기능 등 기본적인 수준의 질문부터 지원자가 생각하는 CMIM의 한계 및 개선 방안등 다양한 범위에 걸쳐 논의가 이루어졌습니다. 특히 면접관들은 코로나19 위기에도 CMIM이 회원국에 의해 지원요청 및 실행(activation)되지 않은 이유와 이를 개선하기 위한 방안에 대해 심도 있게 물어보았습니다. 저의 경우 CMIM이 실행되지 않은 이유는 외환위기 이후 꾸준한 ASEAN+3 회원국의 경제 펀더멘털 개선과 현재 CMIM의 내재적인 한계에 기인한다고 대답하였는데, 면접관들은 이에 대한 follow-up 질문으로 회원국의 경제 펀더멘털이 어느 분야에서 어떻게 개선되었는지, 이러한 개선이 회원국 모두에 해당되는 것인지 근거를 제시해 달라고 요청하였으며, 또한 CMIM에 내재적인 한계점이 발생하게 된 원인과 이를 개선하기 위한 방안, 그리고 그러한 개선이 여태까지 왜 이루어지지 않았는지에 대한 저의 생각을 집중적으로 물어보았습니다.

2차 인터뷰는 1차 인터뷰를 통과한 사람을 대상으로 1시간 정도 화상 인터뷰로 진행되었으며 패널은 AMRO 최고 관리자인 소장(Director)과 부소장(Deputy Director)급 3~4명으로 구성되었습니다. 2차 인터뷰는 15~20분 정도 분량으로 본인의 논문이나 지원 분야에 관련된 주제 발표로 시작되며, 이후 발표에 대한 질문, 본인 경력에 대한 질문, 지원 분야에 대한 질문, 일반 HR 질문 등이 주어집니다. 저는 가장 인상 깊었던 질문으로 제가 제시한 CMIM개선 방안에 대해 반대하는 국가가 있을 경우 이를 어떻게 설득할 것인지, 향후 ASEAN+3 지역에 가장 중요한 위험 요인과 이에 대한 대응 방안 등이 떠오릅니다.

면접을 잘 준비하기 위해서는 AMRO나 IMF에서 나오는 주요 페이퍼들을 참고할 필요가 있습니다. 특히, AMRO는 페이퍼, 블로그 등을 통해 분

기별 지역경제보고서(AREO), 연간 국가별 연례협의(Surveillance) 보고서, ASEAN+3 지역의 주요 이슈 및 대응 방안에 대한 페이퍼를 꾸준히 발표하므로, AMRO 홈페이지에서 지원 분야에 대한 자료를 검색한다면 인터뷰 준비에 큰 도움이 될 수 있을 것입니다. 예컨대, 지원자가 regional surveillance를 준비한다면 ASEAN 국가별 경제적 특성을 이해하고, 거시, 재정, 통화, 대외(경상수지, 외환) 등 분야별 최신 이슈들을 파악하는 것이 필수적입니다. 또한, 국제기구인 만큼 자연스러운 영어 구사 능력도 중요합니다. AMRO는 창립된 지 오래되지 않아 다른 국제기구보다 인원이 많지 않은 조직이기 때문에 직원 개인의 역량이 내부적으로 더 부각되고 대외적으로 소통할 수 있는 기회도 많이 주어집니다. 따라서, 평소에 WSJ, FT, Economist 등 주요 외신을 통해 국제 경제 이슈를 파악하고, 이에 대한 자신의 생각을 영어로 표현하는 훈련이 크게 도움될 것입니다.

김형태

끊임없는 도전, 세계를 향한 마음

기후 변화는 현재 인류가 직면한 가장 큰 위기입니다. 계속되는 탄소 배출로 인해 지구에 온난화 현상이 심화되어 각지에 가뭄, 홍수, 태풍, 산불 등 자연재해가 늘어나고 있습니다. 또한 빙하가 녹아 해수면이 상승하고, 바다의 산도 또한 높아져 연안지역과 생태계가 크게 훼손되고 있습니다. 이러한 변화들은 단기적으로 특정 지역사회의 삶과 경제 활동에 악영향을 미치지만, 장기적으로는 범국가적 정치, 경제, 그리고 사회적 비극을 초래할 것입니다. 기후 변화에 관한 유엔기본협약(UNFCCC)을 통해 국제사회는 이 심각한 문제에 대응하고자 하였고, 저탄소 에너지 전환의 여력이 부족하고 가장 많은 피해를 입고 있는 작은 섬나라 및 개발도상국들의 기후 대책을 지원하기 위하여 녹색기후기금(GCF)을 설립하게 되었습니다.

대한민국이 2012년에 GCF를 유치하는 데 성공하고, 얼마 후 업무를 시작하였다는 소식을 접했을 때 저는 뉴욕에 있는 유엔 사무국 본부에서 근무하고 있었습니다. 모국이 중요한 국제 금융기구를 유치하였다는 사실이 자랑스러웠지만, 그 무렵만 해도 GCF에서 근무하게 되리라 예상치 못하였습니다. 감찰/반부패 전문가로서 국제안보, 경제/사회 발전, 인도주의 원조, 인권 등을 다루는 유엔에서 근무하고 있었고, 기후 변화라는 분야와 개발금융원조라는 특별한 역할을 담당하는 국제금융기구(IFI: International

Financial Institution)는 저에게 다소 생소하였습니다.

애초에 유엔이란 국제기구에 발을 들이게 된 것 또한 계획에 있었던 것은 아니었습니다. 미국에서 로스쿨을 졸업하고 뉴욕주 변호사 시험을 합격한 후 국제법 LL.M. 과정을 밟던 중, 우연히 유엔 사무국의 National Competitive Recruitment Exam(NCRE-현재의 YPP: Young Professionals Program)라는 시험에 대하여 알게 되었습니다. 워낙 관련 정보가 부족하여 큰 기대 없이 2007년에 legal affairs 분야로 응시하였는데, 감사하게도 합격을 하여 2009년 봄부터 조사/감찰 업무를 담당하는 Office of Internal Oversight Services의 Investigations Division에서 근무하게 되었습니다. Investigator로써 전 세계 유엔의 직원, 평화유지군, 그리고 조달업체의 비리, 횡령, 성범죄 등을 감찰, 조사하는 업무를 담당하였고, 2015년에는 Team Leader로 임명되어 유엔 관련 모든 사건의 제보 접수, 관할 분석, 관할 밖 사건의 이첩, 사건 통계 및 용의 기업 분석,그리고 연례보고서 준비를 담당하는 팀을 관리하였습니다. 그 후 2018년에는 제네바에 있는 세계지식재산권기구(WIPO)라는 국제 특허/상표/저작권 등록 서비스를 제공하는 유엔 특별기구의 Senior Investigator로 부임하게 되어 기구의 내부 감찰, 제도 및 지배 구조 향상, 그리고 IP 등록 관련 비리 리스크 관리 등을 담당하였습니다.

그러던 중에 코로나19가 발생하였고, 모국에 대한 그리움과 기후 변화 관련 독서로 인해 관심이 가득했던 중, 2022년 봄에 GCF에 입사하게 되었고 국제금융기구에 첫 발을 들이게 되었습니다. 저는 기구의 Chief of Investigation로서 내부 및 외부 부정부패 조사/감찰, 청렴 정책 수립, 자금조달 계약의 반부패 조항 검토, 내부 통제 역량 강화 등을 담당하고 있습니다. GCF는 아직 타기구에 비해 비교적 연륜이 짧은 만큼 수많은 시스템 구축과 구조 개혁 및 제도 발전이 진행되고 있습니다. 그렇기에 빠른 대응과

획기적인 안목이 필요하고, 관리자로서의 본 업무 외에도 기금 전반의 정책 논의와 자문 등 여러 업무를 수행하여야 합니다. 이전에 근무했던 곳들에 비하여 업무 강도가 높고 전략적으로 넓은 시야를 요구하지만, 새로운 제도를 구축해가며 기금의 성장과 발전을 눈으로 뚜렷이 볼 수 있는 것 같아 보람된 것 같습니다. 또한 병들어가는 지구, 그리고 운명공동체인 인류를 위해 헌신할 수 있어 뿌듯하게 생각하고 있습니다.

국제금융기구와 그외 국제기구들에 여러 선후배의 경험과 진출기들이 있지만, 미력하나마 도움이 되고자 하는 바램으로 몇 가지 나누고자 합니다.

1) **전문성을 기르십시오.** 국제기구(국제금융기구 포함)에서는 YPP나 JPO(Junior Professional Officer)와 같은 초임 직원 영입 프로그램이 아닌 경우, 보통 경력을 중요시합니다. 학업을 마치고 당장 국제기구에서 근무할 기회가 없더라도 본인의 전문 분야 내에 다른 공공 또는 사기업에서 경력을 쌓아간다면 더욱 경쟁력을 기를 수가 있습니다. 특히 외국계 기관이나 영어로 업무할 수 있는 기회가 많을수록 도움이 될 것입니다.

2) **폭넓게 지원하십시오.** 국제기구에는 공통적으로 존재하는 전문부서들이 많습니다. 저는 감찰/반부패 전문가였지만 유엔 사무국, WIPO, 그리고 GCF라는 서로 다른 영역을 담당하는 기구들에서 공통적으로 필요로 하는 역할이었고, 여러 기구의 사건과 업무를 다루며 광범위한 지식과 경험을 쌓을 수 있었습니다. 또한 여러 국제기구들이 서로의 인적 자원들을 선호하는 경향이 있기에, 어떠한 기구나 근무지에 진출을 한다면 이후에 다른 기구나 근무지로 옮길 수 있는 기회가 많아집니다. 따라서 다양하고 폭넓게 지원하는 것이 유익할 것입니다.

3) **작은 일도 사명감으로 최선을 다하십시오.** 조직 생활을 하다 보면 모두가 하기 싫어하는 궂은일들이 있습니다. 돋보이지 않아 아무도 알아주지 않는 것 같고 단순 반복적이어서 귀찮게 느껴지기 일쑤입니다. 저 또한 커

리어에 여러 번 이러한 업무를 맡게 된 적이 있습니다. 그럴 때마다 저를 움직이는 원동력은 크게 두 가지였습니다. 첫째는 직장이 있다는 것에 대한 감사함이었고, 둘째는 저에게 맡겨진 업무가 기구의 운영, 그리고 나아가 세계 안보와 발전에 꼭 필요한 일이라는 생각이었습니다. 그렇기에 누구보다 저의 임무를 완벽히 해내겠다고 다짐하였고, 그러한 자세는 기쁨과 사명감으로 이어졌으며, 점차 조직의 필수 요원이 되어 더 많은 역할과 영역을 담당하게 되었습니다. 어느 상황에서든 작은 일도 사명감을 가지고 임한다면, 영향력을 키울 기회들이 많아질 것입니다.

우리는 가깝게는 가족, 학교나 직장 동료, 그리고 멀리는 국제 사회라는 큰 공동체의 일원으로서 서로 의지하고 공존하며 살아가고 있습니다. 기후 변화와 같은 인류 전체를 위협하는 위기 앞에서 우리 모두 중요한 역할을 할 수 있습니다. 각자가 있는 자리에서부터 이웃과 국가, 그리고 나아가 세계를 위하여 할 수 있는 것들을 깊이 고민하고, 끊임없이 노력하며, 기쁨으로 헌신한다면 국제적인 리더로 성장해 나아갈 수 있을 것입니다.

CV

PROFESSIONAL EXPERIENCE	**Green Climate Fund,** Incheon, South Korea • ***Chief of Investigations,*** *April 2022-Present* **World Intellectual Property Organization,** Geneva, Switzerland • ***Senior Investigator***, *2018-2022* **United Nations, Office of Internal Oversight Services,** *New York, USA* • ***Team Leader-Intake, Analysis and Research,*** 2015-*2018* • ***Investigator,*** *2011-2015* • ***Associate Investigator,*** *2009-2011* **Morgan Lewis**, New York, USA • ***Contract Attorney,*** *February-April 2008* **Marchex Inc.,** Seattle, USA • ***Law Clerk,*** *June-August 2005* **Yoon and Yang,** Seoul, South Korea • ***Summer Legal Associate,*** *June-August 2004* **National Assembly of the Republic of Korea,** Seoul, South Korea • ***Intern,*** *June-August 2001*
EDUCATION	**New York University,** New York, USA • ***LL.M. in international Legal Studies,*** *2006-2007* **University of Washington,** Seattle, USA • ***Juris Doctor,*** *2003-2006* **Georgetown University,** Washington DC, USA • ***Bachelor of Science in Foreign Service(International Politics)***, *1999-2003*
QUALIFICATIONS / LANGUAGES	• *Attorney License, New York State Bar* • *Certified Froud Examiner(CFE)* • *Certificate in ESG Investing* • *UN National Competitive Recruitment Examination, Legal Affairs(2007)* • *Fluent English and Korean; Advanced Japanese; Basic French*

GCF 한국인 진출 수기

조수빈

무엇을 할 것인가: 국제금융기구에서의 고민과 도전

저는 학부에서 국제관계와 국제법을, 석사 과정에서는 국제정치와 국제경제를 계량경제학에 특화하여 공부했습니다. 첫 커리어는 청와대 외교안보수석실에서 인턴으로 시작했지만, 당시부터 "어디에서 일할 것인가"보다는 "무엇을 할 것인가"에 대한 고민이 저를 이끌어 지금은 기후금융기구 GCF에서 일하고 있습니다. 이러한 고민은 제 커리어 방향을 설정하는 원동력이었으며, 다양한 경로를 통해 오늘날까지 저를 성장시켰습니다.

GCF에서의 여정

GCF(Green Climate Fund)와의 인연은 경제학 박사를 준비하던 중, 우연히 계량경제와 프로젝트 평가 관련 연구 경험을 바탕으로 퍼포먼스 측정 지표 개발을 돕는 인턴 기회를 얻게 되면서 시작되었습니다. 당초 6개월간의 인턴십으로 계획했지만, GCF 내부의 다양한 기회와 유연한 조직 환경 속에서 네 번의 부서 및 포지션 이동을 거쳐 현재의 역할을 맡게 되었습니다.

인턴십 이후 저는 퍼블릭 섹터 프로젝트팀에서 프로젝트 리뷰를 담당했고, 포트폴리오 매니지먼트팀의 초기 멤버로 참여한 후 다시 프로젝트팀으로 돌아와 계약 협상과 첫 번째 자금 집행을 관리하는 팀을 이끌었습니다. 현재는 GCF의 Office of Chief Investment Officer에서 Pipeline and

Portfolio Insights Specialist로 일하며, 기존 투자 포트폴리오와 파이프라인을 분석하고 펀드의 중·단기 투자 전략 수립 및 의사 결정을 지원하고 있습니다.

GCF의 유연성, 도전, 그리고 배움의 기회

GCF는 신생 국제금융기구로서 조직 구조가 유연하여, 다양한 기회가 열려 있는 것이 특징입니다. 이 유연함 덕분에 저는 처음 계획했던 커리어 트랙을 벗어나도 새로운 기회를 통해 성장을 이어갈 수 있었습니다. GCF는 수평적인 조직체계 덕분에 누구나 자신의 의견을 표현할 수 있으며, 더 나은 방향을 함께 모색하는 과정에서 개인의 시야를 넓힐 기회가 주어집니다. 조직이 크지 않기에 다른 팀과의 협업도 빈번하고, 익숙하지 않은 분야에도 자주 노출되기 때문에 끊임없이 배우며 사고의 확장을 이룰 수 있습니다.

다양한 파트너들과의 협력

GCF는 UN 기구부터 정부 기관, 다자개발은행(MDBs), Bilateral Agency, Private Sector에 이르기까지 다양한 이해관계자들과 협력합니다. 이러한 협력 관계를 통해 전 세계 기후 금융의 흐름을 다각적으로 파악할 수 있으며, 그 흐름을 만들어가는 데 참여할 수 있는 기회도 주어집니다. 단순한 자금 조달과 관리만이 아니라, 각 이해관계자와의 협력과 조율, 그리고 프로젝트 실행까지 다차원적인 접근이 필요합니다. 그 결과, 각 국가와 지역의 상황을 고려한 최적의 프로젝트 설계와 실행을 도출 수 있으며, 이를 통해 기후변화라는 글로벌 이슈에 실질적이고 폭넓게 접근할 수 있습니다.

다양한 파트너와 협업하는 과정에서, 때때로 늦은 저녁이나 이른 새벽에도 회의를 해야 하지만, 제공되는 유연한 근무 환경과 혜택 패키지 덕분에 그 균형을 맞출 수 있습니다. GCF는 100일의 유연 근무일을 제공하며, 그중 30일은 해외에서 근무하는 것도 가능합니다.

국제금융기구 진출을 위한 조언

국제금융기구에 관심이 있는 분들, 특히 관련 경력이 부족한 경우, 진입 자체를 목표로 설정하는 것이 좋은 전략일 수 있습니다. 국제금융기구는 외부에서 이해하기 어려운 고유의 시스템과 비즈니스 모델을 가지고 있어, 단순히 경력 연수만으로 만족스러운 포지션에 진입하기는 쉽지 않습니다. 관련 경력이 부족할 경우에는 인턴이나 컨설턴트로 진입해 경험과 내부 지식을 쌓는 것, 그리고 해당 기구의 업무 방식과 문화를 이해하는 것은 인터뷰에 대한 준비에도 큰 도움이 됩니다. UN 기구와 국제금융기구는 서로 다르고, 은행과 펀드 간의 역할과 방향성에도 차이가 있습니다. 이러한 차이를 직접 경험하는 것이 향후 자신의 커리어 방향을 찾는 데 매우 유용할 것입니다.

또한, 자신의 강점과 기여할 수 있는 분야를 명확히 파악하고, 인터뷰에서 전문성과 경험을 반영해 그 강점을 구체적으로 표현하는 것이 중요합니다. 인터뷰 예상 질문의 힌트는 모두 포스팅된 JD(Job Description)에 담겨 있습니다. 지원하는 포지션의 최소 요구사항과 업무 내용, 요구되는 소프트 스킬 및 기구의 핵심 가치를 면밀히 살펴 예상 질문을 준비하고, 구체적인 사례를 통해 답변을 준비하는 것이 좋습니다. 만약 관련 경험이 부족하다면, 이전 경력 중 문제 해결 방식이나 관련 기술을 보여줄 수 있는 사례를 제시하는 것도 좋은 방법입니다.

미래를 향한 끊임없는 고민

저 또한 아직 최종 목적지에 도달했다고 생각하지 않습니다. 크고 작은 실패를 통해 때로는 예상치 못한 방향으로 커리어가 전개될 수 있다는 점을 받아들이며, 항상 새로운 기회를 만들어가고 도전하는 자세를 유지하고자 합니다. 국제금융기구는 도전할 만한 가치를 지닌 흥미로운 환경이며, 커리어를 넘어 개인의 세계관을 넓힐 수 있는 장이라는 점은 분명합니다.

CV

① 학력
- 한동대학교 International Relations / US & International Law 전공
- UC San Diego International Economics / International Politics(Specialization: Econometrics)

② 경력
- 청와대 외교안보수석실 인턴
- UN Academic Impact ASPIRE KOREA 사무국
- GCF 2015년 입사
  - Intern
  - Operations Analyst - M&E : Division of Mitigation and Adaptation
  - Portfolio Analyst : Division of Portfolio Management
  - Project Officer : Division of Mitigation and Adaptation
  - Pipeline Insights Specialist(Present) : Office of Chief Investment Officer